# Judas und Eva
# Die nützlichen Garanten von Antisemitismus und Misogynie

Romina Schmitter

# Judas und Eva

## Die nützlichen Garanten von Antisemitismus und Misogynie

Edition Falkenberg

Die Autorin:
Geboren 1939. Studium der Fächer Geschichte, Deutsch und Politik in Köln. Bis 2001 Lehrerin an Gymnasien und Sekundarstufe II-Zentren in Bremen. Lehrplanarbeit und langjährige Tätigkeit im Gutachterausschuss für Geschichtslernbücher. Politisches Engagement in der »Aktion Demokratischer Lehrer«, seit 1971 in der Neuen Frauenbewegung, später in entsprechenden Gremien der GEW. Mitarbeit an Ausstellungen des Bremer Staatsarchivs und des Bremer Frauenmuseums e.V. zur Friedens- und Frauenbewegung. Vorträge, Aufsätze, Buchveröffentlichungen.

Bildnachweis:
In einigen, wenigen Fällen konnten die Bildquellen nicht ermittelt werden.
Ggf. wird um Nachricht an den Verlag gebeten.

akg-images / Pictures From History: 185
Alamy Stock Photo/ANYR05: 136
Archiwum Fotografii Osrodka KARTA: 69
Bildarchiv Foto Marburg/Hermann Laass: 61
Bischöfliche Pressestelle Hildesheim/Dr. Michael Lukas: 96re
Bundesarchiv, Bild 183-1985-0417-15 / CC-BY-SA 2.0: 85
CC-BY-SA 3.0: 72
CC BY-SA 3.0: 19, 65
CC BY-SA 4.0: 29, 167
gemeinfrei: 10, 13, 14, 33, 35, 37, 41, 43, 45, 50, 51, 53, 54, 57, 66, 70, 82, 89, 92, 97, 98, 99, 100, 101, 103, 106, 111, 113, 115, 119, 123, 125, 127, 129, 131, 139, 152, 155, 165, 170, 184
GNU-Lizenz für freie Dokumentation: 85
Narodowe Archiwum Cyfrowe: 68
privat: 17, 73, 96li, 105, 150
Jutta Staack: 134
ullstein bild: 169
Titelbilder: gemeinfrei

Titelabbildungen: Jerg Ratgeb (16.Jh.): Judas beim Abendmahl (Ausschnitt)
Hans Baldung Grien: Eva, die Schlange und der Tod (um 1510 - 1515)

1. Auflage 2022


ISBN 978-3-95494-263-3
www.edition-falkenberg.de

# Inhaltsverzeichnis

»Weibern und Juden sieht man an, dass sie seit Tausenden von Jahren nicht geherrscht haben.«

Th. W. Adorno / M. Horkheimer:
Dialektik der Aufklärung
(1944)

# Einige Worte vorweg ...

Wer die Vergangenheit auch aus weiblicher Perspektive hinterfragt, kann ständig Neues entdecken, seien es die »Menschenrechte der Frau und Bürgerin« der französischen Schriftstellerin und Revolutionärin Olympe de Gouges, die 1791 den sogenannten »Allgemeinen Menschenrechten« von 1789 folgten, sei es, dass zu den Sozialen Bewegungen des 19. Jahrhunderts nicht nur die Arbeiter-, sondern auch die Frauenbewegung gehörte, seien es die zahlreichen Philosophinnen, Wissenschaftlerinnen und Künstlerinnen, die seit der Antike schöpferisch tätig waren.[1]

Als der Schauspieler Ben Becker im Frühjahr 2018 im Bremer Dom einen fiktiven Bericht des Germanisten Walter Jens über den Prozess vortrug, der 1962 in einem Dominikanerkloster abgeschlossen wurde und den »tausendfachen Schuldspruch« über den »Verräter« Judas Ischarioth revidieren sollte[2], ergab die Frage nach einer weiblichen Entsprechung wie von selbst die Gestalt der biblischen Eva, denn - wie Judas in den vier Evangelien und der Apostelgeschichte des Lukas zum Prototypen des jüdischen Verräters und Trägers aller negativen Eigenschaften wurde, so die Eva der Genesis sowie der Paulusbriefe an die Korinther und Timotheus[3] zur Inkarnation weiblicher Verführung und Verursacherin des Übels in der Welt.

Die Folgen der antisemitischen und misogynen Narrative waren für Juden und Frauen fatal, weniger durch die Jahrhunderte währende räumliche und gesetzliche Ausgrenzung als physische Vernichtung in Holocaust und Hexenverfolgung.

Selbst die Emanzipationsstrategien der Aufklärung zeigen, dass Juden und Frauen eine historische Konstante bilden. So legte der Berliner Jurist

Christian Wilhelm Dohm 1781/83 sein zweibändiges Werk »Über die bürgerliche Verbesserung der Juden« vor, der Königsberger Autor Theodor Gottlieb von Hippel bald danach (1792) ein Buch mit dem fast gleichlautenden Titel »Über die bürgerliche Verbesserung der Weiber«.

Die Schweizer Soziologin Franziska Schutzbach wies kürzlich daraufhin hin, dass die »Abwehr von Frauenemanzipation ... oft ... mit der Abwehr von Judenemanzipation (vermengt)« war; beide »wurden für den Zerfall von Tradition, Nation, Einheit und Reinheit verantwortlich gemacht. Juden und Frauen repräsentieren die verhassten demokratischen Institutionen, Intellektualität und Urbanisierung. Nicht zuletzt gab man ihnen die Schuld an der Verweichlichung der Männer und damit an der Schwächung der Nation«.

Diese »Zusammenhänge« seien »bereits in den 1940er-Jahren herausgearbeitet« worden, und zwar »von einer Forschungsgruppe um Theodor W. Adorno ... ›Studien zum autoritären Charakter‹«[4].

In den 70ern setzte der Germanist Hans Mayer diese Argumentation in seinem Buch »Außenseiter« auf literarischer Ebene fort[5].

In den folgenden Kapiteln wird versucht, die Parallelität antisemitischer und misogyner Ausgrenzungs- und Vernichtungsstrategien sowie auch Unterschiede darzustellen und nach Möglichkeiten ihrer Beendigung zu fragen.

Romina Schmitter

# 1. Judas und die Folgen

Die Gefangennahme Christi von Giotto di Bondone (1267 – 1337)
Fresko aus dem Zyklus des Lebens Christi
in der Cappella degli Scrovegni in Padua

## 1.1 Judas im Neuen Testament

Nach den vier Evangelien und der Apostelgeschichte des Lukas ist Judas der »Verräter« par excellence: bei passender Gelegenheit gibt er Jesus den sprichwörtlich gewordenen »Judaskuss« und zeigt dadurch den Hohenpriestern und Schriftgelehrten an, dass der Geküsste der von ihnen gesuchte Gottessohn sei, mit der Folge, dass Jesus verhaftet, als »König der Juden« verspottet, gegeißelt und der damals schimpflichsten Art der Hinrichtung - der Kreuzigung - ausgeliefert wird, woraufhin Judas die versprochenen 30 Silberlinge kassiert.

Aber es gibt in der Bibel nicht nur den »Verräter« Judas. In den Apokryphen, den »verborgenen« Schriften zwischen dem Alten und Neuen Testament, wird von einem Judas Makkabäus[1] erzählt, der »Leib und Leben für sein Volk eingesetzt« habe (2.Makk. 15,30). Ein weiterer Judas »nahm 164 v. Chr. Jerusalem ein« und stellte den vom seleukidischen Herrscher Antiochus Epiphanes geplünderten und entweihten Tempel wieder her, woran die Juden mit ihrem jährlichen Tempelweihfest erinnern, und »Judas, der Galiläer«, führte 7. n. Chr. einen Aufstand gegen die römische Herrschaft an; der Aufstand wurde zwar niedergeschlagen und »Judas ... von den Römern gekreuzigt, aber in ganz Galiläa als Nationalfeld gefeiert«[2]. Angesichts dieser zahl- und ruhmreichen Träger des Namens »Judas« fragt sich, warum es ausgerechnet der »Verräter« war, der sich im Gedächtnis der abendländischen bzw. christlichen Menschheit behauptet hat.

Nach der katholischen Theologin Uta Ranke-Heinemann ist dieser Judas »eine Märchengestalt«, als eine »Kunstfigur eine wirkungsvolle allerdings. Denn eine Gestalt des Dunkels neben einer Gestalt des Lichts« sei »immer faszinierend, das personifizierte Böse neben einer göttlichen Person insbesondere«, und ein »Ausbund aller Bosheit«[3] ist Judas allerdings, wenn man den Evangelien Glauben schenken will. Abgesehen davon, dass er durchweg als »Verräter« daherkommt, gilt er als Mann des Geldes: »Er war ein Dieb; er hatte den Geldbeutel und nahm an sich, was gegeben wurde« (Joh. 12,6). Jesus nennt ihn einen »Sohn des Verderbens (...)«, für den es »besser« gewesen wäre, »wenn er nie geboren« worden wäre (Matth. 26,24); nach Lukas ist in ihn, als er den Verrat beging, »der Satan« gefahren (Lukas 22,3) und auch Jesus bezeichnet Judas als »Teufel« (Joh. 6,70 - 71).

Aber auch hier gibt es eine Alternative, nämlich den Jünger Petrus. Petrus hat Jesus zwar nicht verraten, aber verleugnet, sogar dreimal und in aller Öffentlichkeit (Matth. 26,69; Markus 14,66 - 71; Lukas 22,56 - 60). Wie Judas hat Jesus auch Petrus die böse Tat vorausgesagt (Matth. 26,34; Markus 14,30), wie der Verrat durch Judas werden auch die Verleugnungen Jesu durch Petrus auf Einflüsterungen des »Satan(s)« zurückgeführt (Lukas 22,3; Markus 8,33) und wie Judas bereut Petrus seine Tat. Er erhängt sich zwar nicht, wie Judas es tut (Matth. 27,3 - 5), aber als ihm bewusst wird, was er getan hat, »ging (er) hinaus und weinte bitterlich« (Matth. 26,75).

Allerdings haben seine Verleugnungen für Jesus keine Folgen. Dieser verspricht Petrus sogar - aus welchem Grund auch immer - der »Felsen« zu werden, auf den er seine Gemeinde bauen und dem er »den Schlüssel des Himmelreichs geben« wolle (Matth. 16,18 - 19) und hebt dies Versprechen auch nach dem dreimaligen Verleugnen durch seinen Jünger nicht auf, während die Tat des »Verräters« Judas zur Kreuzigung des Jesus von Nazareth führt. Judas steht damit als »Gottesmörder« da und liefert die Voraussetzung für das erste der zahlreichen antisemitischen Narrative.

Unabhängig von der Frage, ob es Judas wirklich gegeben hat oder nicht - die Tatsache, dass er im Neuen Testament 22-mal genannt wird[4], spricht für die erste der beiden Möglichkeiten. Außerdem ist davon auszugehen, dass die Menschen oraler Kulturen noch ein besseres Gedächtnis hatten

»Und als er den Bissen nahm, fuhr der Satan in ihn« (Joh. 13,27) – mittelalterliche Darstellung in einer Bilderhandschrift

als die der folgenden Schriftkulturen[5] und die Berichte der Jünger, die als Fischer und Handwerker mit Sicherheit weder lesen noch schreiben konnten, der Wirklichkeit weitgehend nahekamen. Auf jeden Fall - so Ranke-Heinemann - hat es »doch den christlichen Hass gegeben, nicht nur auf diesen Mann, sondern auf sein ganzes Volk. Und eben dieser reale Hass« sei »das Schlimme an dieser ganzen erfundenen Geschichte«[6].

Herrenberger Altar: Abendmahl (1518/19 – Jerg Radgeb (1480 – 1526)

## 1.2
# Vom hässlichen Judas zur »Judensau«

Die Diskriminierung des »Verräters« Judas im Neuen Testament setzte sich in den ersten christlichen Gemeinden fort, allerdings schon bezogen auf alle Menschen jüdischen Glaubens. Die Gemeinden entstanden seit dem 1. Jahrhundert und dehnten sich durch die Missionsreisen des Apostels Paulus auf den gesamten Mittelmeerraum aus. Ein Beispiel für seine Missionstätigkeit ist der an sich anonyme, aber Paulus zugeschriebene »Brief an die Hebräer«, in dem »Christus höher als Mose« gestellt wird: »Darum ihr heiligen Brüder und Schwestern« - gemeint waren »christusgläubige Jüdinnen und Juden ..., die durch das Ausbleiben ... Jesu Christi Ermüdungserscheinungen zeigten«[1] - »schaut auf den Apostel und Hohenpriester ... Jesus ... Er ist ... größerer Herrlichkeit wert als Mose ... Mose war treu in Gottes ganzem Hause als Diener ... Christus aber war treu als Sohn über Gottes Haus« (Hebräer 3,1 - 6).

Zeitgleich wurden die zunächst nur erzählten Evangelien aufgeschrieben, als erstes vermutlich das Evangelium des Markus einige Jahre nach der Zerstörung des Herodes-Tempels 70 n. Chr. In der damals noch weitgehend oralen Kultur mussten die verschriftlichten Evangelien von den wenigen Schriftkundigen vorgelesen werden, ebenso die zahlreichen Briefe, die Paulus an Gemeinden wie einzelne Personen richtete[2]. Vor diesem Hintergrund waren auch Predigten, zunächst die der Apostel, seit dem 2. Jahrhundert die der »Kirchenväter«, vor allem des Johannes Chrysostomos, des Bischofs von Konstantinopel, von zunehmender medialer Bedeutung.

Ebenso wichtig, wenn nicht noch wichtiger für die Vermittlung biblischer Texte wurden Zeugnisse der Bildenden Kunst: Fresken in Kirchen und

Klöstern, Reliefs an Kirchenwänden und -mauern, auch über Portalen, Plastiken und Gemälde; Darstellungen in Bibeln, Gebetsbüchern, Missalen und weiteren schriftlichen Zeugnissen waren allerdings nur Lesekundigen, vor allem Geistlichen, zugänglich.

Judas wurde meistens bei Jesu Gefangennahme dargestellt, als er Jesus küsst, beim Jüngsten Gericht, wo er - umgeben von Todesvögeln oder von Teufeln flankiert - als Gehängter gezeigt wird, aber am häufigsten als Teilnehmer des »Letzten Abendmahls«. Dabei werden durchweg alle negativen Eigenschaften des »Verräters«, von denen im Neuen Testament erzählt wird, herausgestellt. Meist sitzt Judas in gekrümmter Haltung außerhalb des Kreises oder der Reihe der Jünger mit roten oder dunklen bis schwarzen Haaren, krummnasiger Physiognomie, die linke Hand um einen Geldbeutel gekrallt und ganz oder zum Teil, weil durch einen andersfarbigen Überwurf halb verdeckt, in ein gelbes Gewand gekleidet. Dabei hat Gelb in der christlichen Farbsymbolik die Bedeutung von Neid, Geiz und Hinterhältigkeit. Alle sozial Ausgegrenzten wie Pestkranke, Ketzer, Prostituierte und eben auch Juden wurden durch gelbe Kleidung, Fahnen oder Zeichen kenntlich gemacht. Im Nationalsozialismus war nicht ohne Grund der Stern, den sich jüdische Deutsche anheften mussten, das Dreieck, das sie von anderen KZ-Häftlingen unterschied, gelb.

Die »psychische Funktion der Farbe« Gelb für die Tradierung antisemitischer Narrative hat der ostdeutsche Autor Franz Fühmann (1922-1984) in seiner Erzählung »Das Judenauto« verdeutlicht; darin wird die Wahnvorstellung eines Kindes »von den bösen grausamen Juden« dadurch vermittelt, dass sie »im gelben ›Judenauto‹ herumfahren und deutsche Kinder schlachten«[3], eine aufschlussreiche Variante der alten Ritualmordlegende.

Selbst Leonardo da Vinci, der 1495/97 sein berühmtes Abendmahlsbild auf einer Wand der Kirche Santa Maria della Grazie in der Nähe von Mailand gemalt und dabei Judas relativ gemäßigt dargestellt hat - er sitzt mit den anderen Jüngern in einer Reihe und trägt auch kein gelbes Gewand - ging »morgens und abends zum Borghetto« und suchte »die Schlupfwinkel des Pöbels auf, um ein passendes Gesicht zu finden«, denn »der Judaskopf« sollte »Gesichtszüge aufweisen, die seiner tiefen Niederträchtigkeit entsprechen«[4].

Unter den vielen Abendmahlsbildern, die es gibt, ist das des Malers Jörg Ratgeb auf dem Herrenberger Altar (1518/19) - was die Darstellung des Judas betrifft - sicher am krassesten ausgefallen: obwohl sich auf dem Gemälde alle Jünger in großer Aufregung zu befinden scheinen und entsprechend bewegte Haltungen aufweisen, sticht Judas hervor: wieder hässlich, rothaarig und am Rande des Jüngerkreises sitzend, ist er - anders als üblich - ohne tarnenden Umhang ganz in Gelb bekleidet und reckt sich dem Brotbissen, den Jesus ihm zum Zeichen seines bevorstehenden Verrats reicht, so gierig entgegen, dass sein Stuhl dabei umfällt. Außerdem ist er »mit allen Zeichen der Lasterhaftigkeit wie ... Erektion, Würfeln und Spielkarten, die aus seiner Tasche fallen, gekennzeichnet« (Wiemann, Elsbeth: Der Herrenberger Altar von Jerg Ratgeb, München 2013, S. 32). Weit diskriminierender aber ist das Relief von der »Judensau«, das seit der zweiten Hälfte des 13. Jahrhunderts in zahlreichen Ausführungen »fast ausschließlich im deutschsprachigen Raum vorkam«[5]: »in Brandenburg, Colmar, Köln, Magdeburg,

Die »Judensau« an der Wittenberger Stadt- und Pfarrkirche Steinrelief (wahrscheinlich 1280)

Metz, Regensburg, Wittenberg und Xanten. Mit dem aufkommenden Buchdruck findet sich das Motiv als Illustration von Flugschriften wie Einblattdrucken«[6].

In Wittenberg ist die »Skulptur hoch oben an der Außenfassade der Pfarrkirche« zu sehen; sie »zeigt eine Sau an deren Zitzen einige Juden trinken, während ein Rabbiner ihren Schwanz hebt und in ihren After blickt«[7]. Über dem Ganzen ist das Wort »Rabini« zu lesen, über der Sau in großen gotischen Buchstaben die Wortbildung »Schem Ha Mephoras«. In seinem Pamphlet »Vom Schem Hamphoras und vom Geschlecht Christi«, das er kurz nach seiner Schrift »Von den Juden und ihren Lügen« verfasste, beschrieb Luther das Relief wie folgt:

»Es ist hie zu Wittenberg an unser Pfarrkirchen eine Saw inn Stein gehauwen, da ligen junge Ferckel und Jüden unter, die saugen. Hinder der Saw stehet ein Rabin, der hebt der Saw das rechte Bein empor und mit seiner linken hand zeucht er den pirtzel«, dh. das Hinterteil, »uber sich, bückt und kuckt mit grossem vleis der Saw unter dem pirtzel inn den Thalmud[8] hinein, als wollt er etwas scharffes«, d.h. mühsam zu Lesendes, »und sonderlichs lesen und ersehen. Daselbsher haben sie gewislich ir Schem Hamphoras.«[9]

Das hebräische »Schem ha-Mephorasch« genauer: »Schem ha-Mehorash«, bezieht sich auf das Tetragramm »J-h-w-h«, das im Alten Testament auf Gott bezogen wird, dessen Namen als solcher nicht ausgesprochen werden durfte. Indem Luther den Rabbiner »ir Schem Hamphoras« im After einer Sau erblicken lässt, die außerdem nach jüdischen Speisegeboten als unreines Tier galt, setzt er den »jüdischen Gott« mit »Schweinedreck bzw. dem Anus einer Sau« gleich[10].

Das war offenbar selbst befreundeten Zeitgenossen zu viel. Der Schweizer Theologe Heinrich Bullinger verurteilte das Pamphlet »scharf«, und Luthers Freund, der Nürnberger Prediger Andreas Osiander, »(drückte) in einem privaten Brief an einen jüdischen Freund in Wien seinen tiefen Abscheu über das Machwerk aus«[11]. Trotzdem wurde es, rund 30 Jahre nach

Darstellung eines fiktiven Hostienfrevels (Detail): Ein Jude sticht mit einem Dolch in eine Hostie mit der Prägung des Antlitzes Jesu Christi ein, die Blut verliert. Daneben Hostien mit anderen Christussymbolen, darunter das Nomen sacrum und das Lamm Gottes – Oberhausmuseum Passau, 1477

Luthers Tod, nachgedruckt und »1617 zur Hundertjahrfeier der Reformation wieder aufgelegt«[12].

Seit 1933 gehörte das Wort »Judensau« zum nationalsozialistischen Vokabular und Martin Sasse, der evangelische Landesbischof von Thüringen, benutzte in seiner Schrift »Martin Luther und die Juden« (1938) auch antisemitische Passagen aus dem »... Schem Hamphoras ...«[13]. Erst Ende des 20. Jahrhunderts regte sich gegen das Relief an der Wittenberger Pfarrkirche, wenn nicht Protest, dann doch Kritik. So wurde 1988 auf Initiative der Stadtkirchengemeinde »unterhalb der Darstellung der ›Judensau‹« eine Gedenkplatte in den Boden eingelassen, die »auf die historischen Folgen des Judenhasses aufmerksam ... machen« sollte. Kurz danach wollte der britische Theologe Richard Harvey »mit einer Online-Petition ... erreichen, dass das Sandsteinrelief abgenommen und an einem anderen Ort ausgestellt wird, in dem der historische Bezug hergestellt werden kann«[14]. 2019 klagte ein Mitglied der jüdischen Gemeinde: »die ›Judensau‹ sei beleidigend, es gebe einen Beseitigungsanspruch nach Paragraf 1004 des Bürgerlichen Gesetzbuchs«[15]; die Klage wurde aber abgewiesen, u.a. mit dem Hinweis auf das Alter des Reliefs[16]. Auch eine weitere Klage blieb erfolglos. Der Kläger Michael Dietrich Düllmann, ebenfalls jüdisches Gemeindemitglied, hatte gefordert, das Relief zu entfernen mit der Begründung, »die Schmähplastik sei eine Beleidigung von Menschen jüdischen Glaubens, diffamiere das Judentum und symbolisiere täglich den Antisemitismus in der Kirche und in der Gesellschaft«. Das Oberlandesgericht in Naumburg stimmte dem grundsätzlich zu, wies aber die Klage mit der Ansicht zurück, dass »die ›Judensau‹ als Teil eines heutigen Mahnmals mit Erklärtafel an der Kirche ... keinen beleidigenden Charakter (mehr)!« habe[17]. Allerdings ließ das Gericht eine Revision vor dem Bundesgerichtshof zu.

# 1.3 Chrysostomos, Luther, Eisenmenger und Co.

Die Beschuldigung der Juden, Jesus ermordet zu haben, wird schon im Neuen Testament erhoben. Nach dem Evangelisten Johannes sagt Jesus zu ihnen: »... ihr sucht mich zu töten, denn mein Wort findet bei euch keinen Raum« (Joh. 8,37), und der Apostel Paulus schreibt im ersten seiner beiden Briefe an die Tessalonicher von »den Juden«, die den »Herrn Jesus getötet haben« (1. Thess. 2,14/15).

Das antisemitische Narrativ des »Gottesmords« wurde von den römisch-katholischen Theologen des 2. bis 6. Jahrhunderts, den »Kirchenvätern«, aufgegriffen und wirkte sich auf das ganze mittelalterliche Christentum aus[1]. Von größerer Wirkung aber waren die Predigten des Patriarchen von Konstantinopel Johannes Chrysostomos (349 - 407), der sich 372 n. Chr. hatte taufen lassen. In der Kirchengeschichte gilt er »als einer der bedeutendsten Prediger des christlichen Altertums«[2]; außerdem hatten seine zahlreichen Schriften einen »vergleichsweise hohen Grad« der »Verbreitung wie Rezeption«[3]. Bei der Darstellung des Gottesmords schrieb bzw. redete er die Juden direkt an: »Weil ihr Christus getötet habt, weil ihr gegen den Herrn die Hand erhoben habt, weil ihr sein kostbares Blut vergossen habt, deshalb gibt es für euch keine Besserung mehr, keine Verzeihung und auch keine Entschuldigung« und um sein Verdammungsurteil noch zu steigern, verglich er den Mord an Jesus mit einer weiteren den Juden angelasteten Untat, dem »Kindsmord«, von dem im 2. Buch Mose, dem Exodus, erzählt wird: »Wenn auch damals gottlos gehandelt wurde, war das, was verübt wurde, noch kein todeswürdiges« Verbrechen. »Nun aber habt ihr alle Untaten in den Schatten gestellt durch die Raserei gegen Christus. Deshalb werdet ihr auch jetzt mehr gestraft. Denn, wenn dies nicht die Ursache eurer gegenwärtigen Ehrlosigkeit ist, weshalb hat Gott euch damals ertragen, als ihr Kindesmord begangen habt, wohingegen er sich jetzt, da ihr nichts derartiges verübt, von euch wendet? Also ist klar, dass ihr mit dem Mord an Christus ein viel schlimmeres und größeres Verbrechen begangen habt als Kindesmord ...«[4].

Da Chrysosthomos in seiner Zeit zur geistigen Elite gehörte, also nicht nur umfassende Bibelkenntnisse hatte, lesen, schreiben und auch reden konnte, fragt sich nach genauerer Lektüre der relevanten Bibelstellen, wie er zu den genannten Beschuldigungen kam. Bei der Behauptung des Kindsmords, die die spätere Ritualmordlegende nach sich zog - vergleiche Heinrich Heines Romanfragment »Der Rabbi von Bacherach«[5] - geht es im Exodus um die Tötung jeder männlichen »Erstgeburt im Ägyptenland vom ersten Sohn des Pharao an ... bis zum ersten Sohn des Gefangenen im Gefängnis und alle Erstgeburt des Viehs.« (2. Mose 12,29). Aber diese Morde werden nicht von Juden ausgeführt noch initiiert, sondern sind eine Tat ihres Gottes, der mit dieser »zehnten Plage«, nachdem die vorangegangenen neun erfolglos geblieben waren, erreichen will, dass der Pharao die Juden bzw. Israeliten aus der Zwangsarbeit frei und in das Land ziehen lässt, »darin Milch und Honig fließt«, »das Land der Kanaaniter, Hetiter, Amoriter, Hiwiter und die Jebusiter« (2. Mose 13,5), dh. das Gebiet an der kleinasiatischen Küste; im 4. Buch Mose, den Numeri, sagt Gott selber: »An dem Tage, da ich alle Erstgeburt im Ägyptenland schlug ...« (Numeri 8,17).

Die Wiederlegung der eigentlichen Beschuldigung, des Gottesmords, ist schwieriger, denn tatsächlich ist es das »Volk«, wie wiederholt geschrieben wird, das, als der römische Stadthalter Pilatus es vor die Wahl stellt, Jesus oder den »berüchtigten Gefangenen ... Barabas« hinrichten zu lassen (Matth. 27,16), in Bezug auf Jesus mehrmals ruft: »Lass ihn kreuzigen!« (Matth. 27,22,23). Aber dies »Volk« fordert den Tod von Jesus, weil »die Hohenpriester und Älteste ... das Volk (überredeten), dass sie um Barabas bitten, Jesus aber umbringen sollten« (Matth. 27,20). Und diese Überredung ist offenbar auch nötig, denn das »Volk« ist so beeindruckt von den Wundern, die Jesus getan, und den Gleichnissen, die er erzählt hat, dass es ihm überall hin gefolgt ist. Die Begeisterung des »Volkes« für Jesus scheint so groß gewesen zu sein, dass die »Hohenpriester und Ältesten« sich sogar »vor dem Volk (fürchteten), denn es hielt ihn für einen Propheten« (Matth. 21,46). Dass es die geistliche Elite ist, die für den Gottesmord verantwortlich ist und nicht das »Volk«, wird auch daran deutlich, dass sie diesen Tod schon lange vorher planen; als Jesus am Sabbath einen erkrankten Mann heilt, womit er ein jüdisches Gesetz übertritt, »da gingen die Pharisäer hinaus und hielten Rat über ihn, dass sie ihn umbrächten« (Matth. 12,14). Jesus sagt selber vor dem Gang nach Jerusalem zu seinen Jüngern: »Siehe, ... der Menschensohn wird von den Hohenpriestern und Schriftgelehrten überantwortet werden, und sie werden ihn zum Tode verurteilen« (Matth. 20,18). Und sie sind sogar zu verstehen, da Jesus nicht nur jüdische Gesetze übertritt, sondern die Gelehrten auch als »Heuchler« bezeichnet und ihnen »Bosheit« vorwirft (Matth. 22,18). Sie sind zwar auch Juden, aber die kollektivierende Einbeziehung aller Juden in deren Verantwortung ist eine bösartige Verfälschung der Darstellung in den Evangelien.

## Martin Luther

Martin Luther, ein weiterer Protagonist der Judenfeindlichkeit, scheint zunächst ein Gegner des Chrysostomos gewesen zu sein. In seinen frühen Schriften, z.B. der Abhandlung »Das Magnificat« von 1521, mahnt er seine christlichen Zeitgenossen, »die Juden freundlich zu behandeln«[6]. Ihre Ablehnung einer Konversion zum Christentum erklärt er mit ihrer diskriminierenden Behandlung. Denn - so Luther - »›wer wollte Christ werden, wenn er Christen so unchristlich mit Menschen umgehen sieht‹«, und in der zwei Jahre darauf veröffentlichten Schrift »Daß Christus ein geborener Jude sei« verstärkte er seine Kritik an der katholischen Judenmission; sie sei »deshalb so erfolglos gewesen ..., weil sie den Juden nur gewaltsam begegnet sei und diese ›wie Hunde‹ behandelt habe. ›Etliche Juden zum Christenglaube reizen‹ sei jedoch durchaus möglich, wenn man ihnen gestatte, mit Christen zu arbeiten und zu wohnen, sie durch Verbote nicht zum Wucher treibe und man Jesu Blutsverwandte, die Gott vor allen Völkern durch die Thora ausgezeichnet habe, mit christlicher Liebe begegne«[7]. Weiter lehnte er die »mittelalterliche Kriminalisierung der Juden in Gestalt der Ritualmord und Hostienfrevellegende ab und bezeichnete« diese sogar als »›Narrenwerk‹«[8].

Daraufhin wandte sich Rosel vom Rosheim, der Sprecher der jüdischen Gemeinden im damaligen Heiligen Römischen Reich Deutscher Nation, an den Reformator »mit der Bitte ... sich für eine Aufhebung des Aufenthalts-, Durchreise- sowie des Erwerbstätigkeitsverbots einzusetzen, welches der sächsische Kurfürst Johann Friedrich I. im Jahr 1536 erlassen hatte«. Aber »Luther lehnte das Ansinnen von Rosheims schroff ab ... Er habe sich in seiner Schrift ›Dass Christus ein geborener Jude sei‹ sehr für die Juden eingesetzt ... gleichwohl lästerten und verfluchten diese weiterhin den Herrn ... diese würden, wenn sie nur könnten, alle Christen um Leben und Besitz bringen‹«[9].

Luthers Gesinnungswechsel resultierte aus seiner Enttäuschung über die Weigerung der Mehrheit der Juden, zum Christentum überzutreten. In seinen Memoiren schreibt von Rosheim, dass Luther »in Wahrheit unsere Lage sehr gefährlich gemacht« habe. Wie Recht er mit dieser Erkenntnis seines vorherigen Irrtums hatte, geht aus Luthers Spätschriften überdeutlich hervor. In seinem Brief »Wider die Sabbather«, den er 1538 »an einen guten Freund« richtete, behauptete er, »die Juden seien ein Volk«, das seit 1500 Jahren, seit der Zerstörung des Tempels, von Gott bestraft werde, weil sie Jesus nicht als Messias anerkannten«[10]. Ihre Sünde bestehe darin, dass sie den Alten Bund Gottes mit Mose für den eigentlichen hielten, den Neuen aber mit Jesus ignorierten: »Gott wolle den ersten Bund nicht mehr haben«, und er stellt die provozierende Frage, »wem wir billichen sollen gleuben, dem trewen, wahrhafftigen Gott odder den falschen verlogenen Juden«[11].

Das krasseste antijüdische Pamphlet aber war die 1543 verfasste Schrift »Von den Juden und ihren Lügen«. Wie schon »Wider die Sabbather« war es vordergründig als Brief an einen »lieben Freund« gerichtet, vermutlich an den böhmischen Grafen Schlick aus Falkenau, eigentlich an christliche, aber auch jüdische Leser. Er habe es geschrieben, weil »das boshafte, halsstarrige Volk ... sich durch keine Predigten, Schelten, Lehren ... von bösen zu guten Werken hat bekehren lassen«; im Gegenteil: »die elenden, heillosen Leute ... hören (nicht auf), auch uns, das ist, die Christen, an sich zu locken«. Deshalb habe er es nicht »wider die Jüden« genannt, »als hoffet ich sie zu bekehren ..., sondern: Von den Jüden und iren Lügen«[12]. Den eigentlichen, wenn auch nicht größten Teil der Schrift macht der im letzten Teil aufgestellte judenfeindliche Maßnahmenkatalog aus, auch deshalb, weil er für evangelische Pfarrer - offensichtlich zur praktischen Anwendung - abschließend in verkürzter Form wiederholt wird:

»Erstens, dass man ihre Synagogen mit Feuer verbrenne. Wer es kann, soll Schwefel und Pech hinzuwerfen. Wer auch das höllische Feuer hinzuwerfen könnte, das wäre auch gut, damit Gott unseren Ernst und die ganze Welt diese Beispiele sehen möchten ...

Zum zweiten, dass man ihnen alle ihre Bücher nehmen, Gebetsbücher, Talmude und die ganze Bibel ... denn sie brauchen dies alles, um den Sohn Gottes, das heißt Gott selbst, den Vater, den Schöpfer des Himmels und der Erde ... zu verlästern ...

Zum dritten, dass man ihnen (bei Strafe des Verlustes von Leib und Leben) verbiete, bei uns und in unserem Gebiet öffentlich Gott zu loben, ihm zu danken, zu lehren ... Der Grund dafür: ihr Lob, ihr Gebet und ihre Lehren ist ganz und gar Gotteslästerung, Fluchen, Abgötterei ...

Zum vierten, dass ihnen verboten werde, den Namen Gottes vor unseren Ohren zu nennen ... Wer es vielmehr vom Juden hört, soll es vor der Obrigkeit anzeigen oder mit Saudreck auf ihn werfen, wenn er ihn von Ferne sieht, und ihn von sich jagen«[13].

Zu den vier Maßnahmen kommen in der vollständigen Fassung die folgenden hinzu: »Aufruf zur Zerstörung jüdischer Häuser«, »Aufhebung der Freizügigkeit«, »Verbot des Geldhandels«, Zwang zur Landarbeit, damit »Juden und Jüdinnen ... im Schweiße ihres Angesichts ihr Brot verdienen, wie Adams Kindern auferlegt ist (Genesis 3,19)«, »Austreibung der Juden« und schließlich - auf 16 Seiten - unter der Überschrift »Wenn Du einen Juden siehst« - die Aufforderung an »Herren und Regenten« sowie »Pfarrherrn und Prediger«, die genannten Maßnahmen zu befolgen, denn - so Luther - die Juden »rauben und saugen uns aus, liegen uns auf dem Halse, die faulen Schelme und müßigen Wänste, saufen, fressen, haben gute Tage in unserm Haus, verfluchen zum Lohn unsern Herrn Christus, Kirchen, Fürsten und uns alle, bedrohen uns und wünschen uns ohne Unterlass den Tod und alles Unglück«[14].

Luther verfasste diese Schriften zu einer Zeit, in der Juden unter massiven Verfolgungen zu leiden hatten: ab 1541 waren Juden aus Böhmen vertrieben worden; 1543 verloren sie - kurz nach Erscheinen von Luthers Pamphlet - in Braunschweig und Meißen, den gesetzlichen »Judenschutz«. Auch das Heimatland des Reformators, die Grafschaft von Mansfeld-Hinterort, »wurde 1567 ›judenfrei‹«. Dass einige der im Zuge der Reformation protestantisch gewordenen Territorien sich der Durchführung der in Luthers Schrift gegebenen ›Anregungen‹ zeitweise oder ganz verweigerten, war nicht das Verdienst des Autors, sondern hing mit seinem begrenzten Einfluss zusammen«[15] Trotzdem setzte Luther mit seinem kurz darauf erschienen Pamphlet »Vom Schem ha-mephorash und vom Geschlecht Christi« (1543) noch eins drauf. Einmal griff er antisemitische Narrative wie Ritualmord und Brunnenvergiftung, die er in seinen frühen Veröffentlichungen als

»Narrenwerk« abgetan hatte, wieder auf, dann stellte er mit einer kaum zu überbietenden Fäkalsprache das hebräische »Schem Hamephorasch«, das eine Umschreibung für den Namen Gottes war »mit Schweinedreck bzw. dem Anus einer Sau« gleich[16].

Außer Luther verfassten auch viele seiner Zeitgenossen antisemitische Schriften, sogar konvertierte Juden wie der Erzbischof Paul von Burgos zeigten sich darin »in hohem Maße judenfeindlich«. Selbst bei den Humanisten, von denen viele gegen Luther eingestellt waren, gab es einige, die - wie Philipp Melanchthon - für die Verbreitung des Pamphlets »Von den Juden und ihren Lügen« sorgten. Melanchthon schickte ein Exemplar an den Landgrafen Philipp von Hessen mit der Bemerkung, »dass es ›wahrhaft viele nützliche Lehren‹ beinhalte«[17].

## Johann Andreas Eisenmenger

Der dritte Repräsentant traditioneller Judenfeindlichkeit und vergleichbarer Wirkung war Johann Andreas Eisenmenger (1654 - 1704). Anders als Chrysostomos und Luther war er kein Geistlicher, sondern Professor an der Universität Heidelberg, und zwar für hebräische Sprachen. Außerdem hatte er einen anderen historischen Hintergrund; gehörte Chrysostomos ins früher Mittelalter und Luther in die Zeit des Übergangs zur Neuzeit, dann schrieb Eisenmenger zu Beginn der Aufklärung, die sich - von Holland ausgehend - seit der Mitte des 17. Jahrhunderts über England und Frankreich, dann ganz Europa ausbreitete und im Aufgeklärten Absolutismus und der Französischen Revolution von 1789 ihren philosophischen und politischen Ausdruck fand.

Eisenmengers Standardwerk war sein Buch »Entdecktes Judentum«[18].

Das Buch erschien im Jahre 1700, wurde aber auf Betreiben Frankfurter Juden aus berechtigter Angst vor Pogromen von Kaiser Leopold I.

beschlagnahmt. 1711 konnte durch den preußischen König Friedrich I. ein Nachdruck ermöglicht werden, mit dem Erscheinungsort Königsberg, also außerhalb des Heiligen Römischen Reiches Deutscher Nation; 1751 wurde es auch im Reich veröffentlicht, 1893 kam in Dresden ein Neudruck heraus, der um die hebräischen Texte und einige »Kapitel von untergeordnetem Interesse«[19] gekürzt worden war (Vorwort).

Die Veröffentlichungen von 1711 und 1751 lösten bei der interessierten Leserschaft widersprüchliche Reaktionen aus.

Auf der einen Seite wurde Eisenmengers Werk, an dem er 19 Jahre lang gearbeitet hatte und das mit seinen zwei Bänden mehr als zweitausend Seiten umfasste, selbst von Kritikern als wissenschaftliches Werk begrüßt. So hielt der Theologe und Orientalist Johann David Michaelis »Eisenmengers entdecktes Judenthum für ein gelehrtes, aus vielem Fleiß und großer Belesenheit entstandenes Buch«.[20] Ebenso fand - ein halbes Jahrhundert später - der Autor Anton Theodor Hartmann in seiner 1834 erschienenen Rezension »Johann Andreas Eisenmenger und seine jüdischen Gegner«, dass Eisenmengers Werk »ein ächt wissenschaftliches, tief gelehrtes ... ganz gelungenes Werk« sei[21]. Auf der anderen Seite wurde das »Eisenmengerische Werk« von so bedeutenden Vertretern der Aufklärung wie dem Juristen Christian Wilhelm Dohm als parteiisch und judenfeindlich desavouiert und von Rassismusforschern des 21. Jahrhunderts wie Achim Bühl sogar als »Pamphlet« abgetan[22].

Dieser Widerspruch lässt sich sicher damit erklären, dass Eisenmenger, der nicht nur das Hebräische beherrschte, die einschlägige jüdische und christliche Literatur verwendete, daraus zitierte und die Zitate auch nachwies, aber sie ohne den jeweiligen Zusammenhang und in judenfeindlicher Hinsicht fälschlich und verallgemeinernd interpretierte.

Ein Beispiel aus dem »Entdeckte(n) Judentum« möge dies verdeutlichen:

Eins der zahlreichen Kapitel, die vom »Talmud und seinen Albernheiten« über die Frage »Stehen sie Christen nach dem Leben?« bis zu »Ihre(r)

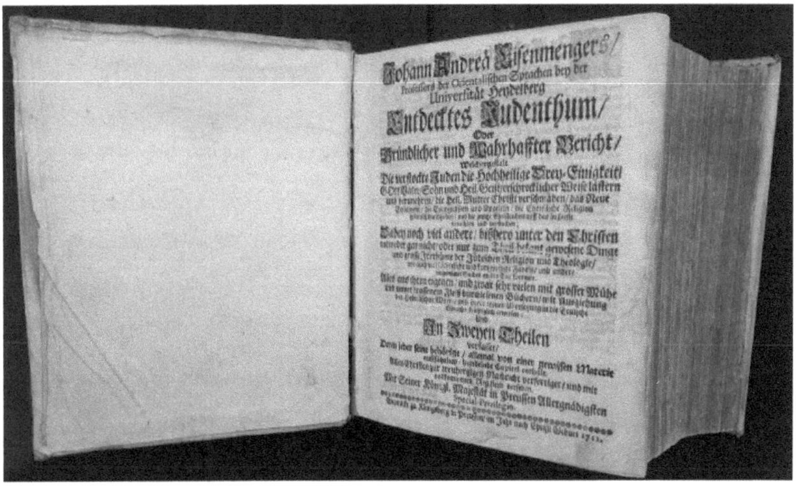

Johann Andreas Eisenmenger: Entdecktes Judentum –
Titelblatt der Ausgabe von 1711

abgeschmackte(n) und lüsterne(n) Lehre von den Teufeln« reichen, behandelt den »Juden Haß gegen alle Völker als Gesetz«.

Gleich zu Beginn behauptet er, »daß den Juden befohlen ist ... alle Völker der Welt ... insgesamt zu hassen«.[23] Zum Beweis zieht er einen Psalm Davids (AT 139,21) heran, der besage: »Ich hasse ja, Herr, die dich hassen«. Zusätzlich zitiert er aus einem Spruch Salomons, nach dem diejenigen, »Die das Gesetz verlassen, ... den Gottlosen (loben); die es aber bewahren, sind unwillig auf sie« (AT Sprüche 28,4). Im Psalm aber ist die zitierte Passage als Frage und auch weitergehend formuliert: »Sollte ich nicht hassen, Herr, die dich hassen, und verabscheuen, die sich gegen dich erheben?« Außerdem ist der 21. Vers einer von vierundzwanzig Versen, die eine »vorsingen(de) Anrufung des ›Allwissend(en)‹« und Allgegenwärtig(en) Gottes darstellen, in der es um Lob, Dank und Bitte, um Bewahrung vor »Frevler(n) ... Blutgierigen« und »Feinden« geht (AT Psalm 139,19,20): Eisenmenger scheint auch nicht wissen zu wollen, dass die Psalmen - 150 an der Zahl - »Lieder der Hoffnung ... der Klage ... des Leides und ... des Feierns« waren, die lange vor Eisenmengers Veröffentlichungen auch »Teil der christlichen Tradition« wurden[24].

Der Spruch Salomons dagegen ist relativ genau und auch vollständig wiedergegeben – »Die das Gesetz verlassen, loben den Gottlosen; die es aber bewahren, sind unwillig auf sie »(AT Sprüche 28,4) – aber wie aus dem Psalm Davids wird auch hier aus vielen Versen – es sind achtundzwanzig – einer herausgegriffen und dahingehend gedeutet, »daß den Juden befohlen ist, die bösen und gottlosen Menschen zu hassen« und »weil sie nun aber alle Völker der Welt für böse und ruchlose Leute halten ... so ist es kein Wunder, daß sie dieselben insgesamt hassen«[25]. Darüber hinaus scheint Eisenmenger die im Talmud geübte dialektische Annäherung an das jeweilige Sujet als Unfähigkeit zur eindeutigen Entscheidung oder als absichtliche Irreführung misszuverstehen, wenn er den »Rabbiner(n)« vorwirft, dass sie »in Büchern noch eine andere Lehre haben, welche der vorher erwähnten schnurstracks zuwiderläuft, zumal es bei den Rabbinern ganz gewöhnlich ist, daß bei ihnen zwei entgegengesetzte Lehren gefunden werden, welche dabei dennoch beide Gottes Wort sein sollen ...«[26]. Richtig scheint dagegen die Deutung des Orientalisten Michaelis zu sein, wenn er in seiner Beurteilung von Eisenmengers »Entdecktes Judentum« schreibt, dass man »im Talmud ... die Meinungen verschiedener Rabbinen über einerley Sache angeführt (findet); sie widersprechen und disputieren oft miteinander, da ist nun nicht alles gleich, was Eisenmenger aus dem Talmud buchstäblich anführt, Glaube und Lehre des ganzen jüdischen Volkes, nicht einmal des Theils, der an den Talmud glaubt«[27].

Eisenmengers Judenfeindlichkeit lässt sich auch aus seiner Kenntnis gleichgesinnter Autoren erklären, zu denen mehrere konvertierte Juden wie Antonio Margaritha (1492–1542) gehörten, der Sohn eines Rabbiners war.

Noch wichtiger könnten persönliche Erfahrungen während seiner Studienzeit in Amsterdam gewesen sei, wo ihn die Übertritte von Christen zum

Judentum sowie christenfeindliche Äußerungen des Rabbiners der Amsterdamer Gemeinde »tief schockierte(n)«[28].

Wie Luther war er empört über angebliche oder auch tatsächliche Verunglimpfungen der christlichen Dreifaltigkeitslehre und von Gestalten wie Jesus und seiner jungfräulichen Mutter Maria; aber anders als Luther, der vor allem die »verstockten« Juden im Blick hatte, die nicht zur Konversion zum Christentum bereit waren, wollte Eisenmenger mit seinem »Entdeckten Judentum« Christen vom Übertritt zum Judentum abhalten. Dabei war Eisenmenger kein Antisemit im rassistischen Sinne. Sein Antisemitismus war ausschließlich religiös begründet. Trotzdem konnte sein Werk im 19. Jahrhundert zur Fundgrube rassistischer Antisemiten werden wie Karl Wilhelm Friedrich Grattenauer mit seinem 1802 erschienenen Buch »Wider die Juden« oder der Theologie-Professor August Rohling, dessen Veröffentlichung »Der Talmudjude« 1871 erschien.

Obwohl Rohlings »›Talmudjude‹ von der Fachkritik zerrissen und nahezu als Plagiat von Eisenmengers Buch ›Entdecktes Judentum‹ ... entlarvt wurde, gewann es Leser und Anerkennung in breiten Bevölkerungsschichten«, groteskerweise sogar in Gebieten, in denen »es so gut wie keine Juden gab«[29]. Trotzdem erlebte Rohlings Werk - Dank der Unterstützung durch die Katholische Kirche - »bis 1890 ... 19 Auflagen«[30].

## 1.4
# Ghettos, Judengesetze und Pogrome

Die Diskriminierung der Menschen jüdischen Glaubens in Wort und Bild blieb nicht ohne reale Folgen. Seit dem Mittelalter wurden sie aus der katholischen, später auch protestantischen Bevölkerung ausgegrenzt, vertrieben und in den mit den Kreuzzügen beginnenden Pogromen massenweise umgebracht.

## Ghetto

Die Ausgrenzung fand durch Ghettos und die sogenannten Judengesetze statt. Dabei begann die räumliche Ausgrenzung noch nicht mit den Judenvierteln. Diese unterschieden sich von den mittelalterlichen Handwerkerstraßen und -gassen nur dadurch, dass sie nicht nur sozial und wirtschaftlich, sondern auch religiös begründet waren und Juden ermöglichten, »zum gegenseitigen Nutzen und Schutz zusammen« zu leben[1]. So konnte sich das Judenviertel in der Stadt Speyer, dessen Entstehung für das Jahr 1084 belegt ist, »zu einer der angesehensten jüdischen Gemeinden des Heiligen Römischen Reiches Deutscher Nation[2] entwickeln. Die Vorsteher jüdischer Gemeinden im Rheinland führten den ehrenvollen Titel eines episcopus Judaeorum, in Wien eines magister Judaeorum«[3].

Erst seit dem 15./16. Jahrhundert wurden die Judenviertel von einer freiwilligen zu einer »aufgezwungene(n), gesetzlich vorgeschriebene(n) Lebensform«[4], dem Ghetto, dass von Mauern umgeben und mit nächtlichem Ausgehverbot belegt war. Entsprechend waren die Ghettos auf jüdische

Das Ghetto in Venedig – Holzschnitt von Jacobo de Baebari, ca. 1500

Bewohner beschränkt, während in Judenvierteln auch christliche Handwerker leben und arbeiten konnten wie umgekehrt in den Handwerksvierteln der Christen auch Juden. Das Wort »Ghetto« geht auf das italienische »Ghetto«, d.i. »Gießerei«, zurück und bezieht sich auf das 1516 in Venedig gegründete Ghetto, das in unmittelbarer Nachbarschaft einer Kanonengießerei lag. Eine andere Erklärung könnte das hebräische »ghet« sein, das »Absonderung« bedeutet.

Die »Absonderung« der jüdischen Minderheit von der christlichen Mehrheit wurde vor allem seitens der Katholischen Kirche betrieben. Den Anfang machte das 3. Laterankonzil unter Papst Alexander III., das im Jahre 1179 vor dem Hintergrund des Machtkampfes zwischen Kaiser und Papst stattfand. Das Konzil gab nur die »Empfehlung« heraus, dass »Christen und Juden getrennt voneinander leben sollten«[5]. Dagegen wurde 1434 - auf dem von 1431 - 1449 tagenden Konzil von Basel - erstmalig die Einrichtung von Ghettos gefordert. »Die Juden sollten abgesondert von den Christen und weit weg von den Kirchen wohnen«[6], und 1555 setzte Papst Paul IV. diese Politik mit der Bulle »Cum nimis absurdum ...«[7] fort, deren Bestimmung allerdings nur für den Kirchenstaat galten. Der Papst beklagte, »dass Juden ›in direkter Nachbarschaft mit Christen wohnten‹ ... ›Häuser in vornehmen Wohngegenden mieteten‹ ... ›Eigentum erwürben und besäßen‹ sowie ›Ammen und Mägde und andere Christen als Diener‹ einstellten. Die Juden seien, so heißt es, so unverschämt geworden, dass sie Herrschaft über Christen ausübten, statt sich in untergeordneter Stellung zu fügen. Die Juden hätten sich gar ›unter den Christen vermischt‹ und lebten ›ohne einen trennenden Unterschied in der Kleidung‹«. Entsprechend ordnete die Bulle für Juden die folgenden Maßnahmen an:

- »Innerhalb des Kirchenstaates dürfen Juden nur in von Christen getrennten Wohngebieten siedeln, welche durch Mauern zu umgeben sind.
- Die zugewiesenen Wohngebiete dürfen nur über eine Synagoge verfügen. Der Neubau von Synagogen ist strikt untersagt. Bestehende Synagogen außerhalb der festgelegten Stadtvierteln müssen abgerissen werden.
- Juden haben sich als solche durch ihre Kleidung kenntlich zu machen. Männer haben einen Hut in blau-grüner Farbe zu tragen. Frauen ein markierendes Kleidungsstück derselben Farbe.
- Juden dürfen keine christlichen Diener, Krankenpfleger oder Ammen beschäftigen.
- Juden dürfen weder am Sonntag noch an christlichen Feiertagen arbeiten.
- Juden dürfen mit Christen nicht zusammen spielen, essen oder Freundschaften pflegen.
- Jüdische Händler dürfen weder Getreide noch notwendige Waren liefern.
- Jüdische Ärzte dürfen keine Christen behandeln«[8].

1566 wurde »die Farbe markierender Kleidungsstücke ... auf gelb festgelegt« und drei Jahre später (vertrieb) die Bulle »Hebraerum gens« (d.i. »das Volk

Bamberger Judenviertel – Stadtplan 1602 (Ausschnitt)

der Juden«) »alle Juden aus dem Kirchenstaat, mit Ausnahme des Ghettos von Ancona sowie des römischen Ghettos«[9].

Ähnlich verlief die Ausgrenzung der jüdischen Bevölkerung im Heiligen Römischen Reich Deutscher Nation. Das Judenviertel in Frankfurt am Main, wo die größte jüdische Gemeinde lebte, wurde 1462 durch eine Zwangsumsiedlung zum ersten deutschen Ghetto. Die im Viertel lebenden Juden mussten in »ein Areal außerhalb der Frankfurter Stadtmauern sowie des Stadtgrabens« umziehen und damit in ein Gebiet, dass sich durch äußerste Beengtheit (auszeichnete), da den Juden seitens des Frankfurter Stadtrats eine Erweiterung ... verwehrt blieb«[10]. Weitere Ghettos entstanden in Köln, Worms, Italien und Frankreich, ebenso in Ost- und dem östlichen Mitteleuropa. Mit den Ghettos endeten die bisherigen Versuche der Christen, Juden, aber auch der Juden, Christen zur jeweils eigenen Religion zu bekehren. Für die Juden »(bestand) die Alternative ... nicht« mehr »darin, Jude oder

Christ zu sein«, sondern lag »zwischen Martyrium oder der ehrlosen Selbstaufgabe vor dem Druck der Mehrheit«[11]. Die letzten und schlimmsten Ghettos waren die des deutschen Faschismus in Polen – vor allem das Ghetto in Warschau – die zur »Vorhölle« der Konzentrationslager wurden.

## Judengesetze

Der räumlichen Absonderung der jüdischen von der christlichen Bevölkerung entsprachen in rechtlicher Hinsicht die »Judengesetze«. Das begann mit dem »Judenschutz«. Ein Judenschutzbrief aus der Kanzlei des fränkischen Kaisers Ludwig I. (814 – 840), der 825 den Juden von Lyon ausgestellt wurde, lautete sinngemäß: »Keiner unserer Gläubigen darf sich anmaßen, der Juden heidnische Sklaven ohne der Juden Zustimmung oder gegen deren Willen zu taufen«[12].

Hintergrund dieses Schutzbriefes war weniger Fürsorge als handfestes Interesse. Ludwig, genannt »der Fromme«, brauchte die Sklaven, die von jüdischen Händlern ins Reich gebracht wurden, wie auch die jüdischen Händler für die heimische Wirtschaft. Deshalb ließ auch Karl, der Kahle, einer von Ludwigs Nachfolgern, den kaiserlichen Erlass – trotz antijüdischer Polemik kirchlicherseits – bestehen.

Kaiser Heinrich IV. (1056 – 1106) setzte die Politik seiner Vorgänger in erweiterter Form fort, indem er den Juden von Worms in einem Privileg das Recht auf Landbesitz zusprach, auf Geldwechsel, Handelsfreiheit im ganzen Reich und auf eine Leben nach ihren religiösen Gebräuchen[13].

Dass es sich bei diesen Rechten nicht um Gleichberechtigung mit Christen handelte, wurde mit der »Kammerknechtschaft« deutlich, die vermutlich auf das antike Sklavenrecht zurückgeht, nach dem Sklaven Besitz ihrer Herren waren. Denn ebenso wurden Juden durch die »Kammerknechtschaft«, mit der Kaiser Friedrich II. die »Judengesetze« auf das ganze Reich

Judenverbrennung – Holzschnitt von Michael Wohlgemuth, Nürnberg 1493

ausdehnte, zum Besitz der Bischöfe, Adeligen, Grafen oder Stadträte, deren »Kammerknechte« sie waren und denen sie für den »Judenschutz« die mehr oder weniger hohe »Judensteuer« zahlen mussten.

Außerdem hatte der jeweilige Schutzherr bzw. Inhaber des hoheitrechtlichen »Judenregals« das Recht, sogenannte »›Tötbriefe‹ aus(zu)stellen, d.h. Urkunden, die die Schuldverpflichtung an einem seiner jüdischen Kammerknechte herabsetzen oder ganz streichen«[14] konnte. Das gefährdete oder vernichtete oft die Existenz ganzer jüdischer Gemeinden, denn eine »Gemeinde, die für den Inhaber des Judenregals nicht lukrativ war ... wurde«, wenn sie arm war, »im besten Fall ausgewiesen«. War sie dagegen reich, erwartete sie Schlimmeres. So entschied der Herzog Albrecht V., am 12. März 1421 »die mehr als 200 wohlhabenden (Juden) auf einem Scheiterhaufen zu verbrennen«[15].

Trotz dieser Gefahren war der Erwerb eines Schutzbriefes erstrebenswert. Denn ohne ihn drohten Stadt- wie Landjuden zur großen Zahl der Hausierjuden herabzusinken, die kein Wohnrecht hatten. Der Erwerb eines Schutzbriefes aber scheiterte meistens an den Kosten.

So hätten die Juden im Hochstift Würzburg für die Aufnahme in einem Dorf 1000 fl zahlen müssen, in einer Stadt 200 fl mehr[16].

Hinzu kam, dass nur der älteste Sohn das Schutzrecht übernehmen konnte, wodurch der familiäre Zusammenhalt gefährdet, wenn nicht ausgeschlossen war. Die Folge war, dass viele Hausierjuden, deren Erwerbsleben mühsam genug war, Wander- und Betteljuden wurden.

Aber diese Betteljuden, »die freilich ihre Parallele in den christlichen Bettlern hatten, konnten sich immerhin auf die Fürsorge ihrer jüdischer Gemeinden stützen, ... die auch ohne Einschränkung praktiziert wurde. Bekannt wurde insbesondere die Situation im Reichsdorf Gochsheim bei Schweinfurt. Obwohl zu den armen Gemeinden gehörend, unterstützte die Judenschaft jedes Jahr zwischen 1500 – 2000 ›Schnorrjuden‹, organisiert mit sog. Pletten (Bilette). Danach hatte jeder Haushalt je nach Vermögen Gutscheine zu erwerben, und die ankommenden Juden wurden auf die Haushalte aufgeteilt, wobei jeder Anspruch auf ein Vesperbrot, Abendessen und Frühstück, ein Nachtlager und eine Wegzehrung ... hatte«[17].

Neben den Hausier-, den Land- und Stadtjuden waren die Hofjuden, auch Hoffaktoren genannt, die dritte und rechtlich am besten gestellte Gruppe. Unter den Hoffaktoren waren Juden in der Mehrheit, stellten aber in der Gesamtheit der jüdischen Bevölkerung nur eine kleine Minderheit dar. Trotzdem mussten sie für das Narrativ des zinsgierigen »Wucherjuden« herhalten. Die Geschäftstüchtigkeit der Hofjuden ging auf »die tragende Rolle« zurück, die »Juden in der Wirtschaft seit dem 10. Jahrhundert gespielt hatten«, und erstarkte mit dem »Ausbau der Herrschaft im Zuge der beginnenden Territorialisierung« sowie der Herausbildung »der Kaufleutegilden und Handwerkerzünfte«, von denen Juden ausgeschlossen waren. Beides verdrängte sie »aus den bisher angestammten ökonomischen Feldern - Ackerbau, Weinanbau und Fernhandel« - und reduzierte »sie zunehmend auf den Geldverleih. Allerdings erfolgte dieser Wandel erst langfristig bis ins 13./14. Jahrhundert« und wurde begleitet von der Intensivierung des kirchlichen Zinsverbots auf dem 2. (1139) und 3. Laterankonzil (1179) sowie der »Wuchergesetzgebung der Päpste bis zur Mitte des 13. Jahrhunderts, die partiell von weltlichen Herrschern übernommen wurde«[18].

Die Zeit der Hofjuden begann im 16. und 17. Jahrhundert mit der Entstehung absolutistischer Monarchien und Fürstentümer. Jüdische Kaufleute und Bankiers wurden von den Herrschern an die Höfe berufen, um dort für die Finanzierung der immer aufwendigeren Hofhaltung und des für Kriege nötigen Heeresguts zu sorgen. Dafür bekamen sie Adelstitel und Privilegien und passten sich infolgedessen auch dem Lebensstil ihrer Auftraggeber an. »Sie waren frei von Abgaben an Land und Stadt, hatten Maut- und Zollfreiheit für ihre Waren, waren ausschließlich der Gerichtsbarkeit des Obersthofmarschalls unterstellt, waren befreit vom Tragen des Judenzeichens und durften sich dort aufhalten, wo sich der Hof befand«[19].

Teilweise hatten sie sogar das an sich dem Adel vorbehaltene Recht, mit dem Degen bewehrt in der Öffentlichkeit aufzutreten. Aber oft benutzten sie ihre Rechte auch, um sich für ihre Glaubensgenossen einzusetzen. So gelang es den Hofjuden Samuel Oppenheimer und Samson Wertheimer, das antisemitische Pamphlet »Entdecktes Judentum ...« des Heidelberger Orientalisten Johann Andreas Eisenmenger (vgl. Kap.1.3) vorübergehend verbieten zu lassen. Andererseits war die Stellung der »befreyten Juden«[20] auf 10-25 Jahre begrenzt. Sie mussten sogar damit rechnen, ihr Aufenthaltsrecht zu verlieren, und zwar dann, wenn ihr wirtschaftlicher Erfolg nachließ.

So legte Kaiser Karl VI. (1711-1740) fest, dass nach seinem Tod »alle unter diesem Schutz bishero gestandene Juden ... mit all deren Familien ... von hier abgeschafft werden sollen«[21].

Dass die jüdischen Hoffaktoren mit Christen nicht gleichberechtigt waren, wird am deutlichsten an der Tatsache, dass sie sogar mit Folter und Hinrichtung zu rechnen hatten. Das zeigen die Beispiele des Münzmeisters des brandenburgischen Kurfürsten Joachim II. (1505 - 1571), Lippold ben Chluchim (1530 - 1573), sowie des Hofjuden des Herzogs Alexander von Württemberg (1684 - 1727), Joseph Süß Oppenheimer (1698 - 1738).

Lippold wurde für die durch Steuererhöhungen, Enteignungen und Beschlagnahmen seitens des Kurfürsten verursachte »katastrophale wirtschaftliche Lage« verantwortlich gemacht. Außerdem wurde er des Giftmordes am Kurfürsten beschuldigt, als dieser 1571 plötzlich verstarb. »Der Prozess gegen Lippold erwies sich indes als Desaster für den Kurfürsten, da das Gericht Lippold nicht nur von den gegen ihn erhobenen Vorwürfen freisprach, sondern ... feststellte, der brandenburgische Hof schulde seinem Hoffaktor noch Geld ... Unter der Folter gestand Lippold all das, was man ihm diktierte und wurde im Januar 1537 ... in Berlin-Mitte durch Rädern und Vierteilen ermordet ... Nach der Ermordung Lippolds verfügte« der Nachfolger Joachims II. »die Vertreibung der Juden« aus dem Kurfürstentum Brandenburg. »Wie das Lippoldsche Vermögen, so wurde auch der Besitz der Februar 1573 vertriebenen Juden von der Staatskasse eingezogen«[22].

Weniger brutal, wenn auch mit gleichem Ergebnis, war das Schicksal des Württemberger Hofjuden Joseph Süß Oppenheimer (1698 - 1738). »Wie Lippold so wurde auch Joseph Süß Oppenheimer Opfer eines offenkundigen Justizmordes«.[23] 1736 wurde der aus einer jüdischen Kaufmannsfamilie in Heidelberg stammende Oppenheimer zum geheimen Finanzrat ernannt. Auch hier war es die Hofhaltung, deren Ausgaben die Einnahmen des Herzogs Karl Alexander (1684 - 1734) bei Weitem überstiegen. Um die mehr als knappe Staatskasse aufzufüllen, beauftragte der Herzog »seinen politischen Ratgeber damit ..., im Sinne einer merkantilistischen Staatspolitik neue Einnahmequellen zu erschließen. Oppenheimer bemühte hier für die Geld- und Steuerpolitik, verkaufte diverse Handelsrechte wie das

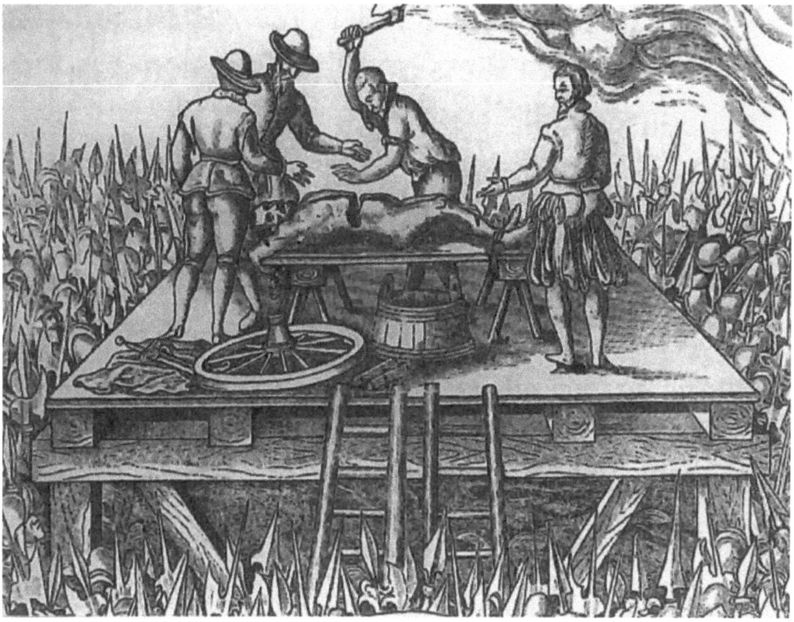

Hinrichtung des preußischen Münzmeisters Lippold Ben Chluchim – Flugblatt 1573

Salz- und Weinmonopol gegen Gebühren und verpachtete die staatliche Münze«. Aber nach dem gleichfalls plötzlichen Tod Karl Alexanders wurde Oppenheimer unverzüglich festgenommen. Neben Hochverrat wurden ihm Bestechlichkeit, persönliche Bereicherung, Amtshandel wie Sexualverkehr mit Christinnen vorgeworfen«. Dass »das Todesurteil für Oppenheimer ... bereits vor Prozessende beschlossene Sache (war)« wird daran deutlich, dass das Gericht die Verteidigungsschrift für den Angeklagten ignorierte. »Da sich im Laufe des Prozesses die Anklagepunkte als nicht haltbar erwiesen, verzichtete die Urteilsbegründung gar auf die Nennung von Straftaten. Im Januar 1738 wurde Oppenheimer in Stuttgart gehängt«[24]. Sein Schicksal war Gegenstand u.a. von Filmen wie dem des NS-Regisseurs Veit Harlan[25], der die historischen Vorgänge im Sinne des staatlicherseits betriebenen Antisemitismus verfälschte.

## Pogrome

Folgenschwerer als Ghettos und Judengesetze, die immerhin auch Schutzfunktionen hatten, waren Pogrome. Das Wort stammt aus dem Russischen und trifft mit seiner Bedeutung »Zerstörung« die gemeinten Vorgänge ziemlich genau. Abgesehen von den ersten beiden Pogromen in Ägypten - 411 v. Chr. auf der Nilinsel Jeb bzw. »Elephantine« und 38 nach Christi Geburt in Alexandria - als sich polytheistische Mehrheiten gegen den Monotheismus einer jüdischen Minderheit richteten, fanden die Pogrome im christlichen Abendland statt. Der erste Kreuzzug, zu dem 1095 Papst Urban II. auf dem Konzil von Clermont-Ferrand aufgerufen hatte, führte zu Plünderungen und Massakern; der zweite Kreuzzug 1149 ging auf die Initiative Bernhards von Clairvaux, des Abts des gleichnamigen Benediktinerklosters, zurück, hatte aber nicht wie der erste die Zerstörung ganzer jüdischer Gemeinden zur Folge; dagegen »(ereigneten sich) größere Massaker ... erneut im Kontext des Dritten Kreuzzugs 1188 in England«, wo in zahllosen Städten wie London, Norwich, Lynn und York ... der Mob (wütete)[26].

Die Pest, die 1348-1350 ganz Europa heimsuchte, setzte die Pogrome des ersten und dritten Kreuzzugs mit zahllosen Vertreibungen und Massakern fort, in Spanien sorgte die Politik des Herrscherpaares Isabella von Kastilien (1451-1504) und Ferdinand II. von Aragonien (1452-1516) dafür, dass Juden vertrieben oder Opfer von Massakern wurden. Die polnischen Pogrome, deren »außerordentliche Gewalttätigkeit ... im kollektiven Bewusstsein der jüdischen Bevölkerung tiefe Spuren hinterließ«[27], gehören in die zweite Hälfte des 17. Jahrhunderts - 1648-1657 -, 1819 brachen in Deutschland die sogenannten »Hep-Hep-Krawalle« aus, die sich - von Würzburg ausgehend - »wie ein Flächenbrand ... ausbreitete(n)«[28] und in Russland wurden von Ostern 1881 bis Sommer 1884 ... die jüdischen Siedlungen in mehr als 160 Städten von Bauernhorden heimgesucht.«[29] Den bisherigen Abschluss stellten die Novemberpogrome vom 10. November 1938 im Nationalsozialismus dar. Hintergrund der immer wieder

Hep-Hep-Unruhen in Frankfurt am Main im 19. Jahrhundert

ausbrechenden Brutalitäten war das nur partiell unterbrochene Außenseiterdasein der Juden in eigentlich allen Staaten. Außenseiter waren sie, weil sie kein Land bzw. keinen Staat hatten, weil sie in Ghettos und durch »Judengesetze« abgesondert leben mussten, und die antisemitischen Narrative wie jüdischer »Gottesmord«, Ritualmord[30], Hostienschändung[31] und nicht zuletzt Geldwucher, die sich seit der Etablierung des Christentums immer stärker verbreiteten, Juden zu notorischen Übertätern machten. So wurden sie auch für aktuelle Missstände wie Krankheiten, Wirtschaftsnöte und Epidemien verantwortlich gemacht; als die Pest im 14. Jahrhundert ganz Europa heimsuchte, wurden Juden als »Brunnenvergifter« verfolgt; Wirtschafts- und Hungersnöte galten als Folgen jüdischen Zinswuchers. Allerdings wären die Pogrome zumindestens in dem Ausmaß, in dem sie wüteten, nicht möglich gewesen, wenn sie von Kirche und auch Staat, wenn nicht gefördert, dann doch geduldet worden wären, was fast immer mit der Vereinnahmung jüdischen Eigentums verbunden war.

## 1.5
## »Über die bürgerliche Verbesserung der Juden«

Christian Wilhelm Dohm (1751 - 1820) kam aus einer evangelischen Pfarrersfamilie aus Lemgo, einer ehemaligen Hansestadt im Lipper Bergland. Nach dem Theologie-, dann Jurastudium trat er 1778 als »Kriegsrat« in den Dienst des von ihm verehrten preußischen Königs Friedrich II. (1712 - 1786), übernahm zahlreiche weitere politische Aufgaben, war aber ständig auch wissenschaftlich aktiv, bis er nach zehn Jahren Ruhestand auf seinem Gut bei Nordhausen starb.

1781 veröffentlichte er sein bedeutendes Werk »Über die bürgerliche Verbesserung der Juden«, dem 1783 ein zweiter Teil mit Rezensionen folgte. Ein dritter Teil war geplant, kam aber nicht mehr zustande. Ein Grund war die höfliche, aber unverbindliche Reaktion des Königs, dem er als erstem ein Exemplar geschickt hatte, ein weiterer die Heftigkeit der Debatte zwischen Vertretern der christlichen und jüdischen Aufklärung, der Haskala, die der erste Teil auslöste. Mit dem seit Beginn des 19. Jahrhunderts sich ausbreitenden Nationalismus wurde die Wirkung der »Bürgerlichen Verbesserung ...« zunehmend von der antisemitischer Pamphlete verdrängt (vgl. Kap.1.3). So wurde sie in der »Allgemeinen Deutschen Biografie« von 1877 nicht einmal mit korrektem Titel - nur als »Emancipation der Juden« - erwähnt[1]. Erst nach dem Ende des »Dritten Reiches«[2] gelangte Dohms Werk wieder ins Bewusstsein einer allerdings nur wissenschaftlichen Öffentlichkeit, wenn man davon absieht, dass Kenner der Materie[3] das Thema nach 2000 auch in die überregionale Presse brachten[4].

In drei Vierteln seines rund 80 Seiten umfassenden ersten Teils stellt Dohm die »Situation der Juden« (S. 9 - 60) dar, sowohl ihre gerechte Behandlung »in den großen Staaten des Alterthums« (S. 20 - 22) wie ihre

Christian Konrad Wilhelm von Dohm, Gemälde von Karl Christian Kehrer, 1795

desolate Lage seit der Gründung christlicher Staaten (S.23ff), ohne allerdings auf die restriktive Judenpolitik Friedrich II. einzugehen[5], wohl in Rücksicht auf den von ihm verehrten König, der immerhin auch sein Arbeitgeber war. Erst im letzten Viertel stellt Dohm seine revolutionären Forderungen auf[6]:

»Erstlich (müßten) die Juden vollkommen gleiche Rechte mit allen übrigen Unterthanen erhalten«, denn - so Dohm - sie seien »fähig, die Pflichten derselben zu erfüllen«.

»Zweitens ... würde die vollkommenste Freiheit der Beschäftigungen und Mittel des Erwerbs eben so sehr der Gerechtigkeit als der menschenfreundlichen Politik ... angemessen seyn.« Dabei sollte »die Regierung (die Juden) vorzüglich zu Handwerken ermuntern«, »da es besonders die auf Handel beschränkte Beschäftigung der Juden« sei, »welche ihrem sittlichen und politischen Charakter eine nachteilige Richtung gegeben« hätte.

»Drittens. Auch mit dem Ackerbau sich zu nähren müßte den Juden nicht verwehrt seyn ...«.

»Viertens ... Durch die Begünstigung der Handwerke und des Ackerbaus müßten die Juden ... von dem Handel mehr entfernt werden ... in der Absicht, den Einfluß dieser so lange einzigen Beschäftigung zu schwächen«.

»Fünftens. Jede Kunst, jede Wissenschaft, müßte auch den Juden wie jedem anderen freyen Menschen, offenstehen ...«.

»Sechstens ... würde den Juden erlaubt werden müssen, ihre Kinder in die christlichen Schulen (die zum Religionsunterricht bestimmten Stunden ausgenommen) zu schicken. In Absicht aller übrigen Kenntnisse aber müßten die jüdischen Schulen den besten christlichen gleichförmig eingerichtet ... werden ... Unstreitig würde es auch zur Ausbildung des sittlichen und bürgerlichen Charakters der Juden nützlich seyn, wenn ... in Synagogen, neben dem unbeschränkt gelassenen Religionsuntericht, auch zuweilen die reinen und heiligen Wahrheiten ... der Vernunft, ... besonders auch das Verhältnis aller Bürger gegen den Staat ... gelehrt würde. Eine wichtige Anstalt, die freylich ... auch noch bei den Christen zu wünschen wäre!«

»Siebtens. Mit der sittlichen Verbesserung der Juden müßte(n) aber auch ... den Christen ihre lieblosen Gesinnungen« genommen werden. »Früh in der Jugend müßten sie schon gelehrt werden, die Juden wie ihre Brüder und Mitmenschen zu betrachten, die auf einem anderen Wege das Wohlgefallen Gottes suchten ...«.

»Achtens: Ein wichtiger Teil des Genusses aller Rechte der Gesellschaft würde auch dieses seyn, daß den Juden an allen Orten eine völlig freye Religionsausübung, Anlegung von Synagogen und Anstellung von Lehrern auf ihre Kosten, verstattet würde ...«.

»Neuntens. Sowohl die schriftlichen Gesetze Moses[7], welche sich nicht auf ... die ehemalige gerichtliche und gottesdienstliche Verfassung beziehn, als auch die durch mündliche Überlieferung[8] erhaltenen, werden von den Juden für Gebote Gottes von immerwährender Verbindlichkeit gehalten ... Sie werden hiedurch von den übrigen Bürgern des Staats nicht mehr getrennt, als eine Stadt oder Gemeinde, welche nach besonderen Statuten lebt ...«.

Hintergrund dieser Forderungen war die Erkenntnis Dohms, dass die missliche Lage der Juden nicht, wie christlicherseits jahrhundertelang behauptet, eine Konsequenz der »Nichtanerkennung der Messianität Jesu und des ›Gottesmordes‹ am Kreuz« sei. Vielmehr sei sie »durch ihren rechtlosen Zustand in den Staaten Europas hervorgerufen ... Ihre Rechtlosigkeit«, so Dohms Argument, sei »Ursache ihrer Armut, des Sittenverfalls und ihrer Außenseiterrolle in der bürgerlichen Gesellschaft«.

Trotz der Plausibilität dieser Argumentation rechnete Dohm damit, »daß auch in weiten Kreisen des aufgeklärten christlichen Publikums die volle bürgerliche Gleichstellung der Juden noch abgelehnt« würde[9]. Deshalb nahm er im Anschluss an seine Forderungen mögliche Einwände und Gegenargumente vorweg. Dabei ignorierte er bewusst diejenigen, »welche den Grundsatz von der allgemein gleichen Beschaffenheit der menschlichen Natur nicht anerkennen, welche die Juden - gewiß ein fürchterlicher Gedanke - für unverbesserliche Geschöpfe halten, die durch ihre unabänderliche Natur dazu bestimmt sind, immer und ewig dem übrigen menschlichen Geschlecht Schaden ... zu bereiten ... Mit diesen Gegnern kann ich nicht streiten ... Wenn diese Männer Recht« hätten, müsste man »die Juden von der Erde vertilgen«[10]. Eine »in Prag ... gedruckte Schrift ›über Unnütz- und Schädlichkeit der Juden im Königreich Böhmen und Mähren‹« sei »nichts als ein Gewebe pöbelhafter Schimpfreden in dem niedrigsten Tone ausgeschüttet«[11]. Dagegen hätten »mehrere würdige Männer« - er meinte christliche und jüdische Vertreter der Aufklärung, allen voran den protestantischen Hebräisten Johann David Michaelis (1717-1791) und den jüdischen Philosophen und Freund Gotthold Ephraim Lessings (1729-1781) Moses Mendelssohn (1729-1786) - seine »Untersuchungen ... genauer bestimmt, berichtigt und ... zum neuen Nachdenken Stoff gegeben«[12], und ihnen gegenüber wolle er »noch einige Entwürfe berühren, die man vielleicht der Ausführung dieser Vorschläge entgegensetzen dürfe«[13]:

Viele fürchteten, »die Landesherren würden an ihren Einkünften verlieren, wenn sie den Juden gleiche Rechte ... verleihn« wollen. Aber - so Dohm - der Verlust der Judensteuer und weiterer lukrativer Einnahmen werde »von den Vorteilen weit überwogen werden ... welche ... die vermehrte Bevölkerung, Indüstrie und Consumtion hervorbringen muß«[14].

Der Sorge, gleichberechtigte Juden könnten sich »zum Nachtheil von Christen zu sehr vermehren« und deren »Nahrung Abbruch thun«[15], hält der Verfasser entgegen, dass »nur größere Geschicklichkeit, Betriebsamkeit, Fleiß und Sparsamkeit den arbeitenden Juden das Übergewicht über die arbeitenden Christen geben« könne »und wenn dieses seyn sollte ... so laßt uns nur bedauern, daß so nutzbare Fähigkeiten so lange verhindert worden ... und uns freuen, brauchbarere Bürger, als bisher, zu erhalten«[16].

Ein wirkliches Problem aber schien die jüdische Verweigerung der Kriegsdienste, vor allem am Sabbath, zu sein. Denn »eine Religion, welche die Erfüllung derselben ihren Verehrern untersagt«, sei »mit dem Wohl der Gesellschaft unverträglich«. Auch könnte man »daraus die Unfähigkeit der Juden zu völlig gleichen Rechten mit den übrigen Bürgern des Staats folgern«[17]. Aber – so Dohm – Juden könnten den Schutz, den sie erhalten, aber nicht ... leisten, (mit höheren Abgaben) bezahlen«.[18] Dann komme »alles darauf an, ob die Voraussetzung: daß den Juden ... der Kriegsdienst am Sabbath untersagt werde, gegründet sey oder nicht?«[19] Aber Moses habe nur den Angriff ... verboten, nicht die Verteidigung: So »finden wir nie, daß die Juden in ihren vielen Kriegen sich am Sabbath der Vertheidigung gegen ihre Feinde ... enthalten hätten«[20]. Im Gegenteil: die Geschichte zeige, dass »die Juden an den Kriegen sowohl der griechischen Monarchen als der Römer einen ... rühmlichen Antheil (ge)habt (hätten)« und »unter den Ptolemäern erwarben sie sich in Egypten durch ihre Kriegsdienste ein solches Vertrauen, daß nur Juden die wichtigsten Festungen übergeben wurden«[21].

Ein weiteres Problem war der Gegensatz der christlichen und jüdischen Religion: die Feier des Sabbaths statt des Sonntags, die Synagogen statt der Kirchen, die jüdischen Speisegesetze, die ein Zusammenleben von Juden und Christen erschwerten, wenn nicht ausschlossen. Moses Mendelssohn, der Dohms »Bürgerliche Verbesserung ...« mit der anonymen »Denkschrift über die Lage der Juden im Elsass« erst angeregt hatte, forderte die unbedingte Einhaltung des mosaischen Gesetzes und ihrer Ergänzung im Talmud. Er ging sogar so weit, dass er in seinem Hauptwerk »Jerusalem« (1783) die Religionstreue über die »Bürgerliche Verbesserung der Juden« stellte: »»Wenn die bürgerliche Vereinigung unter keinen anderen Bedingungen zu erhalten ist, als wenn wir von dem Gesetze abweichen, das wir ... für verbindlich halten, so thut es uns herzlich leid, ... so müssen wir lieber auf die bürgerliche Vereinigung Verzicht thun««[22]. Dagegen war für Saul Ascher (1767-1822), den bedeutendsten Vertreter des Reformjudentums, das »Judentum eine Konfession, die der autonomen bürgerlichen Existenz von Juden nicht mehr hinderlich sein soll«[23].

Unter dem Druck dieser Debatte gab Dohm seine anfängliche Forderung völliger Religionsfreiheit der Juden dahingehend auf, dass er jetzt von ihnen erwartete, »›ihren bisherigen Glauben zu reformieren‹, darunter alle Gebote, die den Status der Juden als eigene ›Nation‹ aufrechterhalten«[24].

Unabhängig von diesen religionstheoretischen Kontroversen zeigte sich auf politischer Ebene, dass Dohms Anpassung an das Reformjudentum dem Geist der Zeit entsprach. Zwar blieb Friedrich II. von Preußen, in den Dohm mit seiner »Bürgerlichen Verbesserung ...« so große Hoffnungen gesetzt hatte, bei seiner judenfeindlichen Politik, aber schon während des Drucks des ersten Teils konnte Dohm in der Presse »mit Vergnügen« lesen, »daß die Juden in den kaiserlich königlichen Staaten in die Rechte der übrigen Bürger eingesetzt werden sollten«.[25] Allerdings wollte Kaiser Joseph II. (1741-1790) mit seinem 1782 beschlossenen Toleranzedikt die Juden des Reichs nur unter der Bedingung den christlichen Bürgern gleichstellen, dass sie ihre Kultur, d.h. ihre Religion, ihre hebräische Sprache und ihr Rechtssystem aufgaben.

Auch in Frankreich, wo sich die Lage der Juden schon vor der Revolution schrittweise verbessert hatte, forderte man für die bürgerliche Gleichstellung der Juden den Verzicht auf ihre religiösen Bräuche, »gemäß dem

Jean Antoine de Condorcet
(1743–1794) – Anonymes Porträt

berühmten Diktum des Abgeordeteten Stanislas de Clermont-Tonnerre, den Juden müsse man als ›Nation ... alles verweigern, als Individuen hingegen alles gewähren‹«[26] Dabei war Dohms Schrift von 1781, in der er noch für die völlige Religionsfreiheit eingetreten war, schon ein Jahr nach ihrer Veröffentlichung von dem Arzt und Mathematiker Jean Bernouilli unter dem Titel »De la réforme politique des juifs« übersetzt worden, und Graf de Mirabeau, der Dohm in Berlin 1786 so oft besuchen wollte, dass sich dieser »›zuweilen vor ihm verläugnen lassen mußte‹«, machte Dohm wie Mendelsohn in ganz Frankreich bekannt[27].

Mit der Unabhängigkeitserklärung der Vereinigten Staaten von 1776 wurden Juden erstmals und ohne Einschränkung als gleichberechtigte Bürger anerkannt.

Aber in jedem Land ging es in den Schriften wie Debatten nur um die Interessen der männlichen Juden; die Jüdinnen waren in jedem Fall ausgeschlossen. Ausnahmen bildeten nur der französische Politiker und Philosoph Jean Antoine de Condorcet (1743-1794) mit seinem 1789 erschienenen Plädoyer »Über die bürgerliche Zulassung der Frauen zum

Lazarus Bendavid (1762–1832)
Anonymes Porträt 1806

Bürgerrecht«[28] wie der jüdische Kantianer Lazarus Bendavid (1762- 1832), der mit der »›Aufklärung der Juden‹ ... ausdrücklich alle Juden beider Geschlechter« meinte[29]. Im 20. Jahrhundert machte der Jurist und Germanist Hans Mayer (1907-2001) den Ausschluss von Juden und Frauen - neben dem von Homosexuellen - zum Thema seines Buches »Außenseiter«: »... die Frauenemanzipation (bleibt) nach den Postulaten der Vernunft und des Naturrechts so abstrakt wie die Judenemanzipation«[30]. Damit sei »die bürgerliche Aufklärung gescheitert«[31], denn »sie versagte vor den Außenseitern«[32].

Mit diesem Verdikt einer der bedeutendsten geistigen Strömungen der europäischen Geschichte wurde auch der Ausschluss der »Außenseiter« - hier der Juden und der Frauen - verurteilt.

## 1.6
# Die »Christlich-deutsche Tischgesellschaft«

Die Ignoranz der christlichen wie der jüdischen Aufklärer gegenüber einer »Bürgerlichen Verbesserung ...« auch der Jüdinnen (vgl. Kap.1.5) ist erstaunlich. Immerhin hatte sich schon im vorrevolutionären Frankreich, und zwar in der Salonkultur der Aristokratie, so etwas wie Emanzipation angedeutet. Denn die Salons waren der »Machtbereich« der Frauen »unter dem Vorzeichen der Aufklärungsphilosophie«. »Eine neue Einschätzung der gesellschaftlichen Rolle, eine ... Infragestellung der Stereotypen, mit denen sich die Literatur bis dahin begnügt hatte, war die Folge«[1].

### Die Berliner Salonnières

Die Salonnières empfingen Angehörige des »Adels, der höheren Schichten des Bürgertums und des künstlerischen und intellektuellen Milieus« und eröffneten Freiräume für kulturelle und politische Diskussionen. Außerdem waren sie ausgesprochen kosmopolitisch; »Ausländern kam gar eine Ehrenstellung zu«[2]. Somit war die Ausweitung der französischen Salons auf andere Länder Europas nur konsequent.

In Deutschland - bis 1806 dem »Heiligen Römischen Reich deutscher Nation« - waren es vorwiegend die Salons in Berlin, der Metropole Preußens, dessen König Friedrich II. (1740-86) ohnehin ein Verehrer der französischen Kultur, allerdings nicht der dort üblichen weiblichen Beteiligung, war.

Wie die Salons in Frankreich wurden auch die Berliner Salons von Frauen geführt, wie sie überschritten sie Standesgrenzen und wie sie

Madame de Stael (1766–1817) – Französische Salonniere

Rahel Varnhagen, verh. Varnhagen von Ense (1771–1833) – Zeitgenössische Darstellung

behandelten ihre Gäste nicht nur kulturelle, sondern auch politische Themen. Aber anders als die französischen Salonnières waren die in Berlin in den meisten Fällen Jüdinnen und stammten aus gebildeten und mehr oder weniger reichen Familien. Rahel Levin, die unter dem Namen ihres Ehemannes als Rahel Varnhagen in die Geschichte einging, Dorothea Mendelssohn, die Tochter des bedeutenden Kantianers und Lessing-Freundes Moses Mendelssohn und spätere Ehefrau des Romantikers Friedrich Schlegel, und Henriette Herz, geb. de Lemos, Ehefrau des Arztes und Philosophen Markus Herz, »galten unter europäischen Intellektuellen ... als die berühmtesten Frauen ihrer Zeit«[3]. Und diese Tatsache sowie die, dass sich in ihren Salons Männer mit Frauen trafen und mit ihnen auch politische Themen behandelten, trugen maßgeblich zur Entstehung der »Christlich-deutschen Tischgesellschaft«[4] bei, die bezeichnenderweise als »Anti-Salon« verstanden worden ist[5]. Ein weiterer Grund waren die politischen Ereignisse: das Ende des »Heiligen Römischen Reiches Deutscher Nation« 1806 und

Achim von Arnim (1781-1831)

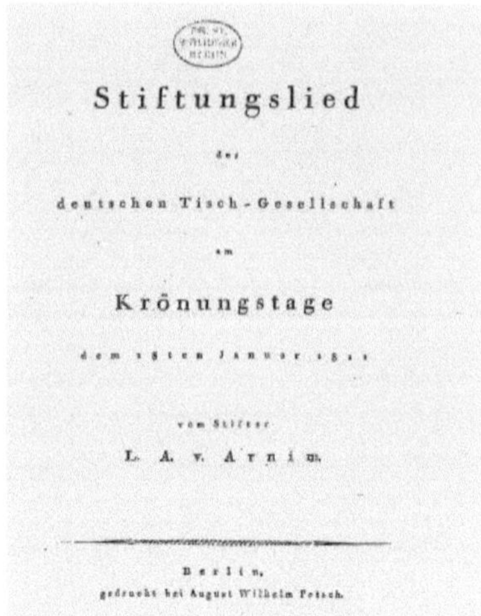

Stiftungslied
der
deutschen Tisch-Gesellschaft
am
Krönungstage
dem 18ten Januar 1811
vom Stifter
L. A. v. Arnim.

Berlin,
gedruckt bei August Wilhelm Petsch.

Stiftungslied der deutschen Tischgesellschaft (Erstdruck 1811)

4.

Stiftungslied
der
deutschen Tisch-Gesellschaft
am
Krönungstage
dem 18ten Januar 1811
vom Stifter
L. A. v. Arnim

Berlin,
gedruckt bei August Wilhelm Petsch.

Unsre Krone ward erstritten
Durch der deutschen Ritter Blut,
Als die Heiden mußten bitten
Um des ew'gen Friedens Gut;
Seit die Heiden sich bekehret,
Kam die gnadenfrohe Zeit,
Und der Adel währt und lehret
Freiheit in Ergebenheit;
Freiheit christlich deutscher Treue
Uns mit deinem Segen weihe!
Ew'ger Glaube lebe hoch!
Chor. Unser Glaube lebe hoch!

Als am ersten Krönungstage
Friedrich setzte auf die Stirn
Unsre Krone, daß er trage
Unsres Reiches Glanzgestirn,
Einte uns mit höhrer Krone,
Zu dem großen Weltgeschick,
Gott der Herr auf seinem Throne
Mit der Hoffnung Segensblick,
Ließ dem Könige zum Zeichen
Seine heil'ge Salbung reichen,
Daß die Krone lebe hoch.
Chor. Unsre Krone lebe hoch!

Unsres Volkes alte Rechte
Halten beide Kronen fest,
Schützt sie kommendem Geschlechte,
Schützt die Adler in dem Nest,
Bis sie auf den jungen Schwingen
Ueber uns in hohem Flug
Zu dem Glanz der Sonne dringen,
Im vereinten Heldenzug;
Schwört dem alten Herrscherhause,
Bei der Krönung Jubelschmause,
Ruft dem König Lebehoch!
Chor. Unserm König Lebehoch!

Nimmer sollen Fremde herrschen
Ueber unsern deutschen Stamm,
Allen wilden Kriegesmärschen
Setzt die Treue einen Damm.
Unsres Volkes treue Herzen
Bindet eine Geisterhand,
Und wir fühlen Sie in Schmerzen,
Sie, die uns von Gott gesandt,
Daß sich Glaub' und Liebe finde,
Und in Hoffnung sich verkünde,
Ewig lebt die Königin
Chor. Ewig lebt die Königin!

Steigt der Wein uns in die Krone
Bei der Krone frohem Fest,
Freudengeber schone, schone,
Daß uns Demuth nicht verläßt;
Ernstes Leben muß uns weihen,
Was der Einzelne vermag,
Soll er dienend Allen leihen,
Viele Strahlen machen Tag.
Schwört, daß keiner will vor allen,
Jeder treu mit allen schallen,
Hier zu Preußens Lebehoch.
Chor. Alle Preußen leben hoch!

die napoleonische Eroberungspolitik, die mit dem Sieg des französischen Kaisers kurz danach über die preußischen Truppen bei Jena und Auerstädt für nationalbewusste Preußen wie auch Deutsche eine schwere Niederlage war. Die Tischgesellschaft, die 1811 gegründet wurde, legte in ihren Statuten ausdrücklich fest, dass »nur ein Mann von Ehre und guten Sitten und in christlicher Religion geboren«, Mitglied werden konnte. Außerdem wurde bestimmt, dass »Frauen ... nicht zugelassen werden.«[6]

## Ausschluss von Juden und Frauen

Der Ausschluss von Juden kam nur indirekt zum Ausdruck; aber die Beschränkung der Mitgliedschaft auf christlich geborene Männer bedeutete, dass nicht nur geborene Juden, sondern auch konvertierte keinen Zugang hatten. Während diese Tatsache in den Tischreden, vor allem dem »Bericht« Achims von Arnim, dem Stifter der Tischgesellschaft, »über die Kennzeichen des Judenthums« wiederholt und in breiter Ausführung hervorgehoben wurde, kam die Nichtzulassung aller Frauen nicht weiter zur Sprache. Selbst in Lexika wie dem Brockhaus 2006 wird sie nicht einmal erwähnt[7]. Offenbar war sie zu selbstverständlich, denn auch andere Männergesellschaften, vor allem, wenn sie politischen Charakter hatten, ließen keine Frauen zu.[8] Die Teilnehmer der »Christlich-deutschen Tischgesellschaft« - und das hatten sie mit den französischen Salons gemeinsam - kamen aus fast allen Schichten. Die Hälfte gehörte dem Adel an - mit von Arnim und einem von Brühl zwei Grafen, mit Eduard Maria von Lichnowsky sogar ein Prinz - die andere Hälfte bestand aus Gelehrten, Medizinern, Theologen und Juristen - durchweg Professoren der 1810 eröffneten Berliner Universität - sowie höheren Militärs und »4 Tischgenossen«, die »man dem handwerklich-kaufmännischen Bürgertum zurechnen konnte[9]. Hinzu kamen Dichter, Theaterintendaten, Architekten und Komponisten als Repräsentaten des »künstlerische(n) Leben(s) der preußischen Hauptstadt«[10].

Die Tischgesellschaft war am 18. Januar 1811 gegründet worden, dem »Krönungstag unserer Monarchie«[11], d.h. 110 Jahre nach demselben Tag 1701, an dem Kurfürst Friedrich III. von Brandenburg als Friedrich I. der erste König Preußens wurde. Entsprechend orientierten sich die Mitglieder – angeführt von den Literaten – an den preußisch-patriotischen Ideen der Romantik. Allerdings wurde diese Orientierung in den Statuten nur dadurch angedeutet, dass der Krönungs- und Stiftungstag »alljährlich wiedergefeiert werden« sollte[12]. Dagegen wurden Ort, Zeit und Preis des vierzehntäglichen gemeinsamen Mittagessens – zunächst kamen rund 80 Personen zusammen – selbst die »Vorschläge zur äußeren Verzierung« der Tafel[13] sowie Strafzahlungen bei Nichteinhaltung der vereinbarten Regeln relativ ausführlich behandelt. Und so hat denn auch von Arnim – in einem Rundschreiben an potentielle Interessenten – die neue Gründung als »Eßgesellschaft« vorgestellt, in einem Brief an Jakob und Wilhelm Grimm etwas drastischer als »deutsche Freßgesellschaft«[14].

## Antisemitismus

In den »literarisch bedeutsame(n) Tischreden«, wie die Verfasser des Brockhaus schreiben[15], ging es neben antifranzösischen und preußisch-deutschen Gedichten, Reden und Satiren immer auch um die Abwertung von Juden. Der antisemitische Ton deutete sich schon in der Rede Clemens Bretanos über die »Philister« an, die wie Juden von einer Mitgliedschaft ausgeschlossen waren. In der »Scherzhafte(n) Abhandlung ... Der Philister vor, in und nach der Geschichte«[16] wurden Philister und Juden einerseits als »entgegengesetzte Pole«[17] angesehen, andererseits aber parallelisiert. So sagte Brentano an einer Stelle – in Anspielung auf die berüchtigte Darstellung der

»Philisterkarikatur«– Zeichnung von Achim von Arnim

»Judensau«[18]: »das Schwein« sei »ein Mittler zwischen den Juden und Philistern, wie es wühlend mit seinem Rüssel das Quecksilber entdeckt«, und es sei »nicht ohne besondere Tiefe hier zu betrachten, daß den Schweinen das Arsenik unschädlich seyn soll«[19].

Harmloser, weil nicht so perfide, greift eine Karikatur den unterstellten Philister-Juden-Bezug auf. Die Karikatur, die von Achim von Arnim stammt, aber für Brentanos »Abhandlung« verwendet wurde, stellt eine »Philisterstatue« dar, deren rundes kinderkopfgroßes Gesicht »Jude und Philister (vereinigt)«[20].

Die Reaktion der Tischgenossen auf Brentanos Vortrag war geradezu euphorisch. Wie der preußische Diplomat Varnhagen von Ense als Gast berichtete, »geriet die Gesellschaft außer sich, jubelte und schrie vor Vergnügen (als Brentano seinen Philister vortrug)«. Dagegen fand Brentanos Schwester Bettine, noch vier Jahrzehnte später, dass »gar nichts drin (sei), kein Witz, kein Humor, gar nichts.«[21]

Protest kam von Gästen der Tischgesellschaft, dem Schriftsteller und Baron Fouqué und dem Verleger Julius Eberhard Hitzig. Beide - vor allem der als »Itzig« geborene Jude Hitzig – erkannten, dass auch sie mit der Philisterkarikatur gemeint waren. In einem Brief an Fouqué schrieb Hitzig: »Brentano, dieser welsche Teufel, hat in der sogenannten christlich-deutschen Trinkgesellschaft, in der du auch warst, eine sogenannte scherzhafte Abhandlung über die Philister (die von der Gesellschaft ausgeschlossen bleiben sollen) nicht allein vorgelesen, sondern auch drucken lassen, dabei auf gemeinste Weise auch Dich ... angetastet«. Fouqué reagiert schon nach einer Woche: »Was den welschen Teufel betrifft, so meine ich, wenn etwas geschehen soll gegen ihn, müßte es gleich so sein, daß es ihm die Lust zum Widerkläffen nähme, sonst wäre stillschweigende Verachtung des Possenreißers besser«[22].

Dass der Verkauf des gedruckten Vortrags im August 1811 von der zuständigen Polizeibehörde verboten wurde, hatte einen anderen Grund: Brentano hatte die Duldung von Bordellen nach dem Allgemeinen Preußischen Landrecht von 1794 auf die »Philistergesinnung« der Verantwortlichen zurückgeführt und sich damit eines widerrechtlichen Verhaltens schuldig gemacht[23].

Der nächste Vortrag, der auf Begeisterung wie auf Empörung stieß, war Achim von Arnims »(Bericht) Ueber die Kennzeichen des Judenthums«. Darin griff er – getrieben von der Furcht, dass sich Juden in die Gesellschaft einschleichen und sie in eine Synagoge verwandeln könnten – fast alle antisemitischen Narrative auf, vom Ritualmord über die Hostienschändung, die Brunnenvergiftung, den Zinswucher bis zum Gottesmord und scheute sich nicht, zur Entlarvung eines eingeschlichenen Juden mit dessen Körper chemische Experimente vorzuschlagen: »Wenn der Verdacht des Judenthums, da Gott vor sey, gegen eines der Mitglieder unsrer Gesellschaft ausbrechen sollte, ... können wir zu den Experimenten mit ihm und seiner Familie übergehen, von denen ich wenigstens einige hier aufzählen kann, die übrigen aber mit dem Göttingschen Probierkasten, mit dem chemischen Ofen, mit Reibschalen, Trichtern und übrigen Geräth beim Archiv der Gesellschaft einst niederlegen werde«[24]. Diese Vorstellungen kamen – anders als Bretanos »scherzhafte Abhandlung« über die Philister – als »Bericht« daher und bezogen sich wiederholt auf das als wissenschaftliches Werk getarnte Pamphlet »Entdecktes Judenthum« des Orientalisten Johann Andreas Eisenmenger von 1781[25]. Der antisemitische sich wiederholt zu offenem Hass steigernde Tenor des Vortrags kam auch darin zum Ausdruck, dass von Arnim fragmentarische Vorstufen, in denen Juden positiv dargestellt, Christen aber kritisiert wurden, in der Endfassung weggelassen hatte.

Antisemitismus zeigte sich auch in der literarischen Produktion von Arnims, Brentanos und weiterer Schriftsteller der Romantik. So findet sich in der dreibändigen Sammlung »Des Knaben Wunderhorn«, einer Art Kompendium deutscher Volksliedtexte, das Gedicht »Die Juden zu Passau«. Darin wird der Passauer Hostienschänderprozess von 1477, »aufgrund dessen ... sechs Mitglieder der Gemeinde verbrannt, vier wegen Übertritt zum Christentum ›nur‹ enthauptet, die restlichen ausgewiesen wurden«[26], romantisierend verharmlost: »Sie meinten ..., Christen auszutilgen gar, drum heizten sie ein Ofen, worin die Hostien warn. Doch sehr vor ihren Augen, flogen zwey raus, dazu zwei schöne Tauben, das machte Furcht und Graus«.[27] In Clemens Brentanos Kunstmärchen »Gockel und Hinkel« (1837), in dem das Stereotyp des Wucherjuden bemüht wird, »werden ›die Juden‹ für alle nationalen und privaten Desaster verantwortlich gemacht«[28], und Wilhelm Hauff hat mit seiner Novelle »Jud Süss« (1827) die Vorlage für den gleichnamigen NS-Propagandafilm geliefert. Diese und weitere Volkslieder, Märchen und Novellen erfreuten »sich in gebildeten Schichten großer Beliebtheit«, desgleichen in »breiten Teilen der Bevölkerung«[29].

Der Antisemitismus der Tischgesellschaft traf bei den meisten Mitgliedern auf ungeteilte Zustimmung. Vor allem der Jurist und Beamte im preußischen Finanzministerium Christian Peter Wilhelm Beuth, der kurz nach der Gründung hinzugekommen war, tat sich mit seiner im Juli 1811 gehaltenen Rede »Über die Juden als Patronatsherren« als Gegner der jüdischen Minderheit hervor. Dabei bezog er sich wie von Arnim auf Andreas Eisenmenger und verwendete wie er die tradierten antisemitischen Narrative, ging aber über von Arnim und Brentano insofern hinaus, als er sogar »Vernichtungsphantasie(n)« erkennen ließ. So sprach sich seiner Überzeugung nach »in der ewigen Verfolgung der Juden ... die Göttlichkeit des Kristenthums« aus und wenn das Beschneiden eines »Judenjungen« dazu führen würde, dass er verblutet, dann sei das eine »wünschenswerte Folge«[30].

Andererseits haben sich vor allem Sitzungsgäste wie der Sprachforscher und Bildungsreformer Wilhelm von Humboldt oder der preußische Kanzler Fürst von Hardenberg wie auch überhaupt die Verfechter der Preußischen Reformen als Gegner des Antisemitismus der Tischgenossen erwiesen. Von Humboldt war als Anhänger der Schrift Christian Wilhelm Dohms »Über die bürgerliche Verbesserung der Juden« ein »entschiedener Unterstützer der Gleichberechtigung der Juden und befürwortetete diese ohne Wenn und Aber sowie unverzüglich«[31], während die Reformer in der preußischen Regierung, allen voran der Kanzler, an einem Gesetzentwurf zum »Edikt betreffend die bürgerlichen Verhältnisse der Juden im Preußischen Staat« arbeiteten.

## Reaktion

Zu den schärfsten Kritikern der Tischgesellschaft gehörte der Kantianer und Vertreter des Reformjudentums Saul Ascher. Er versuchte sogar, ein Verbot der Gesellschaft durchzusetzen. »In dem humanen und toleranten Berlin« – so Ascher 1811 im »Morgenblatt für gebildete Stände«[32], sei »diese Gesellschaft ... ein eigenes Phänomen ... denn sie hat durch eines ihrer Statute festgesetzt, daß sie weder Juden, getaufte Juden, noch Kinder getaufter Juden ... aufnehmen wolle und damit auch keine Philister,

Werbung des einzigen »Judenfreien« Hotels in Frankfurt am Main (Kaiserzeit)

die »einen getauften Juden« andeuten konnten, weil sie wie Juden der »Gegensatz aller für das ideale Schöne Empfängliche«[33] seien.

Nach dem Verfasser sei »besonders im Theaterwesen Deutschlands die Philisterey vorherrschend«, denn »wie es ... jetzt mit dem Theater ... steht, so trage sie allen Eckel, alle Krankheit, alle Schande, alle Armuth der Geschichten an sich ...«[34]. Nach Ascher waren »die Tonangeber in dieser Gesellschaft eingefleischte transcentale Idealisten und sozunennende Naturphilosophaster«, die »wie Don Quixote«[35] gegen »einen allgemeinen Feind« ausziehen, »der gar nicht vorhanden ist«[36]. In seiner Schrift »Germanomanie« von 1815 warf er den Mitgliedern der Tischgesellschaft vor, selber Philister zu sein. »Die Gesellschaft«, spottete Ascher, »hat Gesetze - wie philistermäßig! - kommt zu bestimmten Zeiten zusammen - wie philistermäßig - um zu essen und zu trinken - wie philistermäßig! - Was aber von ihr Philister genannt wird, erfährt man in einer neulich erschienenen Broschüre ›Der

Philister‹ vor, in und nach der Geschichte. Eine scherzhafte – muß wol heißen schmerzhafte – Abhandlung, denn es ist darin ... ein Ringen, ein Zwingen, Springen, Dingen und Schwitzen nach Witzen und Spitzen, die nicht blitzen noch ritzen, und das ewige Fechten und Fichten mit Worten fache dem Einsender während dem Lesen eine Unlust an, die durch widrige Bilder noch vermehrt wurde«[37].

Aber inzwischen hatten die Gesellschafter – vermutlich auch infolge der Verabschiedung des preußischen Emanzipationsedikts vom 11. März 1812, das die restriktive Judengesetzgebung Friedrichs II. von 1750 endgültig aufhob – selber Ermüdungserscheinungen gezeigt. Jedenfalls stellte Achim von Arnim 1815 in seiner Rede an die »Verehrte(n) Tischgenossen« bedauernd fest, dass die Zahl der Mitglieder kontinuierlich gesunken war. »Außer den verehrten Todten« – er meinte die Opfer der Befreiungskriege von 1813–1815 – vermisste er »eine Zahl trefflicher Männer, die ehemals unsern Kreis geschmückt hatten«[38]. Selbst »das Essen« sei »schlechter« geworden[39] und habe manchen »zurückgeschreckt«[40]. 1834 wurde die Tischgesellschaft zum letzten Mal erwähnt[41]. Aber im Vorfeld der deutschen Revolution von 1848 setzte sich die Gleichberechtigung der Juden fort. In zahlreichen Ländern des 1815 begründeten »Deutschen Bundes« wurden entsprechende Gesetze beschlossen. Am günstigsten war die rechtliche Situation der Juden in Kurhessen, im Großherzogtum Hessen und in Braunschweig. Die Frankfurter Nationalversammlung, der neun jüdische Abgeordnete angehörten, beschloss im Dezember 1848 für Juden die gleichen bürgerlichen und staatsbürgerlichen Grundrechte wie für Christen[42]; Frauen waren allerdings – wie auch in den anderen Staaten des Deutschen Bundes – von beidem ausgeschlossen.

## 1.7 Der Holocaust

Für Christian Wilhelm Dohm war es »ein fürchterlicher Gedanke, die Juden von der Erde zu vertilgen«[1]. Dass dieser Gedanke einmal Wirklichkeit werden könnte, lag für den aufgeklärten Schriftsteller und preußischen Beamten noch außerhalb jeder Vorstellung, obwohl er die Geschichte antisemitischer Verfolgungen, Massaker und Pogrome besser kannte als seine Zeitgenossen. Selbst für deutsche Juden des sogenannten »Dritten Reichs«, die ihre Heimat nicht rechtzeitig verließen oder denen es nicht mehr gelang, war das, was sie erwartete, nicht vorstellbar. »Die meisten waren mehr oder weniger ahnungslos«, schrieb der österreichische Journalist Eugen Kogon, »lediglich von einer dumpfen Angst erfüllt. Wer von den Greueln in den KL« - die Verschärfung des Kürzels zu KZ fand erst später statt - »bereits gehört hatte, machte sich, besonders wenn er bereits entsprechende Erfahrungen bei der Gestapo gesammelt hatte, auf das Schlimmste gefaßt. Aber diese Vorstellungen waren immer nebelhaft; die Wirklichkeit übertraf sie weit«[2]. Der Katholik Kogon, der das KZ Buchenwald von 1938 - 1945 überlebte, hat das in seinem Buch »Der SS-Staat«, der ersten Darstellung der nationalsozialistischen KZs, detailliert beschrieben.

Der Holocaust[3] wird im Allgemeinen auf die Wannseekonferenz zurückgeführt, die - initiiert von Reinhard Heydrich, dem Chef der Sicherheitspolizei und des Sicherheitsdienstes, realisiert von Heinrich Himmler, dem Chef der SS und Gestapo - am 20. Januar 1942 in einer Villa am Berliner Wannsee stattfand und die »Endlösung der Judenfrage«[4] zum einzigen Thema hatte. Diese »Endlösung« begann mit dem

Überfall auf Polen am 1. September 1939, aber die Weichen wurden schon am 30. Januar 1933 gestellt. Mit der Ernennung Hitlers zum Reichskanzler war die Voraussetzung für die durchweg legal daherkommende Ausgrenzung der jüdischen Minderheit[5] aus der deutschen Mehrheitsgesellschaft gegeben, ein Prozess, der der sprichwörtlichen Schlinge glich, die sich um den Hals des Opfers langsam, aber sicher zuzieht. Die erste Phase reichte vom staatlicherseits initiierten Boykott jüdischer Geschäfte am 1. April 1933 über das »Gesetz zum Schutz des deutschen Blutes und der deutschen Ehre« vom 15. September 1935, das mit dem Reichbürgergesetz die »Nürnberger Gesetze« ausmachte, bis zur Aufhebung der Mieterschutzbestimmungen für deutsche Juden Anfang 1939, mit der ihre Einweisung in die sogenannten »Judenhäuser« eingeleitet wurde.

Vom September 1939 bis zur Wannseekonferenz wurden – vor dem Hintergrund nationalsozialistischer Kriegserfolge – Juden in polnische Ghettos und osteuropäische KZs deportiert bzw. – wie es im NS-Jargon hieß – »evakuiert«. Desgleichen gab es schon Massenerschießungen und Vergasungen, zunächst mit Autogas bzw. Kohlenmonoxyd in dafür umgebauten Gaswagen. Die Errichtung von Vernichtungslagern befand sich dagegen erst in den Anfängen.

Die Wannseekonferenz sollte noch bestehende bürokratische Hindernisse aus dem Weg räumen. Reinhard Heydrich hatte zu diesem Zweck 15 Vertreter der SS, der NSDAP und mehrerer Reichsministerien eingeladen; als einzige Frau war eine Sekretärin dabei.

Aus dem Konferenzprotokoll, das den Stempel »Geheime Reichssache« trägt und von Adolf Eichmann, dem Leiter des Judenreferats im Reichssicherheitshauptamt, redigiert wurde, geht hervor, dass »der Wunsch des Reichsmarschalls«, d.h. des Vorsitzenden des Reichsverteidigungsrates Hermann Göring, sei, »ihm einen Entwurf über die organisatorischen, sachlichen und materiellen Belange im Hinblick auf die

Wannseevilla in Berlin, Ort der Wannseekonferenz vom 20.02.1942

Endlösung der europäischen Judenfrage zu übersenden«[6]. Hitler war an dem Ganzen nicht direkt beteiligt. Er hatte »nur« am 30. Januar 1939, dem sechsten. Jahrestag seiner Kanzlerschaft und fünften seiner »Führer«-Position in einer Rede von der »Vernichtung der Juden« gesprochen. Am 30. Januar 1941 wiederholte er seine Drohung und am 30. Januar 1942, also 10 Tage nach der Wannseekonferenz, bezog er sie auf die Juden ganz Europas und warnte seine Zuhörerschaft: »Diejenigen, die über meine Prophezeiung gelacht haben, werden jetzt nicht mehr lachen!«[7]

In der 90-minütigen Konferenz wurde zunächst nur von »Auswanderung« gesprochen; »als weitere Lösungsmöglichkeit« sollte - nach entsprechender vorheriger Genehmigung durch den Führer die Evakuierung der Juden nach dem Osten treten; erst bei der dritten »Möglichkeit«, für die die ersten beiden »Ausweichmöglichkeiten ... praktische Erfahrungen« liefern sollten, ging es um die »Endlösung der europäischen Judenfrage«, wobei man von »rund 11 Millionen Juden« ausging[8].

Dass die »Endlösung« physische Vernichtung bedeutete, kommt an keiner Stelle des Protokolls zur Sprache. Allerdings deuten einige Formulierungen an, dass es darum ging, z.B. wenn »abschließend die verschiedenen Arten der Lösungsmöglichkeiten besprochen« wurden, bei

Winkel zur Kennzeichnung von »Schutzhäftlingen«
in den nationalsozialistischen KZs

deren Realisierung allerdings »eine Beunruhigung der Bevölkerung vermieden werden müsse«[9]. Man rechnete damit, dass »ein Großteil (der arbeitsfähigen Juden) nach entsprechendem Arbeitseinsatz ... durch natürliche Verminderung ausfallen wird. Der allfällig endlich verbleibende Restbestand« werde, »da es sich bei diesem zweifellos um den widerstandsfähigsten Teil handelt, entsprechend behandelt« (im Protokoll unterstrichen) »werde müssen, da dieser, eine natürliche Auslese darstellend, bei Freilassung als Keimzelle eines neuen jüdischen Aufbaues anzusprechen« sei[10].

Dass auch eine »Beunruhigung« der SS-Täter befürchtet wurde, geht aus der Rede hervor, die Heinrich Himmler am 4. Oktober 1943 in Posen vor SS-Gruppenführern hielt. Einmal lobte er sie für die gezeigte Härte im Angesicht des Mordens und dafür, dabei »anständig geblieben« zu sein. »Sie hätten ›diese schwerste Aufgabe in Liebe zu ihrem Volk erfüllt‹, ohne dabei seelischen oder charakterlichen Schaden genommen zu haben«. Die Ausrottung des jüdischen Volkes sei ein »›niemals geschriebenes und niemals zu schreibendes Ruhmesblatt‹ unserer Geschichte.«[11]

Die »Ausrottung« wurde vom Sieg über die überfallene Sowjet-Union abhängig gemacht. Danach ist davon auszugehen, dass ein Sieg über die russischen »Untermenschen« (NS-Jargon) die Vernichtung nicht von sechs, sondern elf Millionen Juden bedeutet hätte.

## Das Ausland

Zahlreiche Länder waren nicht unbedingt Gegner des NS-Regimes. So war die französische Regierung »an einem guten Verhältnis zu Hitler-Deutschland interessiert«[12]; in »der britischen Elite« gab es sogar« erhebliche Sympathien« für den Diktator[13]. Trotzdem kam im Juli 1938

Die sogenannten dunklen Jahre in Polen:
In den Jahren von 1936 bis 1939 kam es in über 150 Dörfern und Städten zu Übergriffen und Pogromen, hier in Minsk-Mazowiecki im Juni 1936

- auf Initiative des US-amerikanischen Präsidenten - im französischen Evian eine 10-tägige Konferenz von 32 Nationen zustande, die sich mit dem Schicksal der vertriebenen Juden befasste. Denn vor allem seit dem Anschluss Österreichs an das »Dritte Reich« im März 1938 verbreiteten sich durch die zunehmende Zahl von Emigranten Informationen über ihre menschenfeindliche Behandlung im NS-Staat.

Zunächst ließ die Frage, die Franklin Roosevelt in einer Kabinettssitzung am 18. März 1938 gestellt hatte, auf die internationale Aufnahme der Emigranten hoffen: »Amerika war für so viele herausragende Deutsche während der 1848er Jahre ein Zufluchtsort. Warum können wir ihnen nicht jetzt eine Heimstatt bieten?«[14] Die Reden einiger Konferenzteilnehmer gingen in ähnliche Richtung. Der holländische Verhandlungsführer W.C. Beucker Andrae begründete die Notwendigkeit allgemeiner Hilfe »mit dem Schicksal der jüdischen Kinder«[15]. Die Dänen

Foto aus Włocławek: In dieser polnischen Stadt wurden die Juden erstmals gezwungen, den gelben Stern zu tragen. Als »Untermenschen« konnten sie misshandelt und erniedrigt werden, galten sie doch als Inbegriff des Schmutzigen und Infektiösen

hatten Juden ohnehin als ihre Nachbarn vor Deportationen geschützt, und der kolumbianische Delegierte Jesús Maria Yepes fragte: »Kann ein Staat, ohne die zivilisatorischen Grundlagen zu gefährden, einer Gruppe von Mitbürgern willkürlich die Staatsangehörigkeit entziehen, die dadurch heimatlos werden und die kein anderes Land verpflichtet ist aufzunehmen? ... Das ganze Drama dieser Tausenden, die von Land zu Land hin- und hergeschoben werden, von der Laune der Fremdenpolizei anhängen ... die unter dem Mangel an Taktgefühl bei den Beamten an der Grenze leiden, dieses ganze Elend ist darauf zurückzuführen, dass man nicht rechtzeitig die Vorfrage gelöst hat«[16]. Aber die Mehrheit der teilnehmenden Staaten zog sich auf mehr oder weniger hohe Zahlen bereits aufgenommener Flüchtlinge zurück, auf Wirtschaftsprobleme, Arbeitslosigkeit im eigenen Lande sowie mögliche Nachteile für die jeweilige Bevölkerung. Die neutrale Schweiz befürchtete sogar »eine

Erschießung von Zivilisten durch Einsatzgruppen in Ivangorod, 1942

›Verjudung‹ des Landes«[17]. Die israelische Ministerpräsidentin Golda Meir, die während der Konferenz anwesend war, schrieb in ihren Erinnerungen: »Ich hatte Lust, aufzustehen und sie alle anzuschreien: Wisst Ihr denn nicht, dass diese verdammten ›Zahlen‹ menschliche Wesen sind, Menschen, die den Rest ihres Lebens in Konzentrationslagern oder auf der Flucht rund um den Erdball verbringen müssen wie Aussätzige, wenn Ihr sie nicht aufnehmt?«[18]

Hitler war es, der die Ergebnislosigkeit der Konferenz vorausgesehen hatte. Als er erfuhr, dass eine internationale Flüchtlingskonferenz stattfinden sollte, höhnte er bei einer Wahlkampfveranstaltung in Königsberg: »Ich kann nur hoffen ..., daß die andere Welt, die mit diesen Verbrechern« - damit waren die verfolgten Juden gemeint - »so tiefes Mitleid empfindet, wenigstens großzügig genug ist, dieses Mitleid in praktische Hilfe zu verwandeln. Wir sind von uns aus bereit, alle diese Verbrecher meinetwegen auf Luxusschiffen diesen Ländern zur Verfügung zu stellen.«[19]

Die Teilnehmer der Wannseekonferenz, die die Vernichtung von elf Millionen europäischer Juden planten, kalkulierten die Schwierigkeitsgrade in den besetzten Ländern ein, und zwar »im Hinblick auf die allgemeine Haltung und Auffassung«[20]. So sei »die Angelegenheit (in der Slowakei und Kroatien) nicht mehr allzu schwer, da die wesentlichen Kernfragen in dieser Hinsicht dort bereits einer Lösung zugeführt würden«[21].

Auch »im besetzten und unbesetzten Frankreich« werde »die Erfassung der Juden zur Evakuierung aller Wahrscheinlichkeit nach ohne große Schwierigkeiten vor sich gehen können«. Dagegen würden »in einigen Ländern, so in den nordischen Staaten, Schwierigkeiten auftauchen«[22].

## Die Bevölkerung

Als im März 1933 das erste KZ in Dachau »eröffnet« wurde, stand in der NS-Presse, dass man es habe bauen müssen, weil die Gefängnisse überfüllt wären. So etwas konnte man beim morgendlichen Frühstück lesen, ohne sich viel dabei zu denken. Auch die Tatsache, dass die ersten KZ-Insassen Kommunisten waren, Sozialdemokraten, Gewerkschafter, Sinti und Roma, Homosexuelle, Prostituierte usw., also Menschen, die ohnehin nicht in gesellschaftlichem Ansehen standen, trug zur Verharmlosung weiterer Inhaftierungen bei.

Der Boykott jüdischer Geschäfte am 1. April 1933 und die Zerstörung jüdischer Synagogen in der Nacht vom 9. zum 10. November 1938 in Deutschland und dem inzwischen vereinnahmten Österreich musste allerdings jedem zeigen, dass es bei den Verfolgungen vor allem um die deutschen Juden ging. Der Berliner Jurist und Widerständler Helmuth von Moltke, der 1945 hingerichtet wurde, schrieb an seinen englischen Freund Lionel Curtis: »Mindestens neun Zehntel der Bevölkerung

Frauen im Konzentrationslager Ravensbrück

wissen nicht, dass wir Hunderttausende von Juden umgebracht haben. Man glaubt weiterhin, sie seien lediglich abgesondert worden und führten etwa dasselbe Leben wie zuvor, nur weiterhin im Osten, woher sie stammten, vielleicht etwas armseliger, aber ohne Luftangriffe«[23]. Hinzukamen die »Vernebelungsstrategien des SS-Apperats«, selbst gegenüber »Angehörigen der Führungsschicht«, denen es fast unmöglich war, »zu verlässlichen Informationen zu gelangen«[24]. Auch löste das, was mit eigenen Augen wahrgenommen werden konnte, nicht immer die vom Regime erwartete Zustimmung aus; so »(erzielte) die zentral geplante und deutschlandweit durchgeführte Boykottaktion vom 1. April 1933 bei der sich eher passiv verhaltenen Bevölkerung – wie später im November 1938 – nicht die gewünschte Wirkung, so dass die Naziführung die Aktion vorzeitig abbrach.« Nach dem Boykott reagierte die Bevölkerung vielmehr mit Sympathiekäufen. Die Unpopularität des Boykotts lag klar zu Tage, und selbst Julius Streicher, der Gauleiter und Herausgeber des

1940: Polnische Frauen werden zur Massenexekution in einen Wald bei dem Dorf Palmiry geführt

Hetzblattes »Der Stürmer«, »Sah sich gezwungen, öffentlich zu erklären, dass eine Fortsetzung nicht beabsichtigt sei.«[25]

Der jüdische Autor und Romanist Victor Klemperer, der - Dank der Solidarität seiner »arischen« Ehefrau - die zwölf Jahre im »Tausendjährigen Reich« überlebte, hat ein differenziertes Bild vom Verhalten der Bevölkerung gegeben. Nach Hitlers Machtergreifung staunte er darüber, »wie wehrlos alles zusammenbricht«[26]. 1942 erlebte er die Diskriminierung durch NS-Chargen und fanatisierte Jugendliche. Als er noch als Siebzigjähriger zu Straßenbahnarbeiten herangezogen worden war, musste er sich von Passanten Sätze anhören wie: »Laßt die nur arbeiten!«[27] oder: »Du Lump, warum lebst du noch?«[28], oder, als er eine Schreibarbeit abliefern wollte, »Der Jude schreibt doch nur Zersetzendes«[29]. Andererseits empörte sich ein Handwerker über den polizeilichen Arbeitseinsatz älterer bis altgewordener Juden: »Diese Lumpen, die verfluchten, gottverdammten!«[30] Ein Fahrer, der im Winter 1941/42 in Russland bei einer Polizeitruppe gewesen war, erzählte Klemperers

Frau von seinen Erlebnissen: »Grauenhafte Massenmorde an Juden in Kiew. Kleine Kinder mit dem Kopf an die Wand gehauen, Männer, Frauen, Halbwüchsige zu Tausenden auf einem Haufen zusammengeschossen«[31], eine Frau, die ihm und seiner Frau »Hilfe an(bot), wenn sich irgendwo nützlich erweisen könnte ... bat mich dann um Verzeihung, wenn sie mich auf der Straße nicht grüße«[32], und eine ältere Lehrerin kommt auf offener Straße »mit ausgestreckter Hand« auf Victor Klemperer »zu ... schüttelt« ihm »nur lächelnd die Hand« und »sagt: ›Sie wissen schon, warum!‹«[33] Der Schriftsteller Werner Bergengruen war überzeugt, dass es nach dem Krieg niemanden gab, »der nicht gewusst hätte, daß es Konzentrationslager gab«; niemand, »der sie für Sanatorien gehalten hätte. Wenig Deutsche, die nicht einen Verwandten oder Bekannten im KL gehabt oder zumindest gewußt« hätten, »daß der oder jener in einem Lager war ...«[34]. Nur fragt sich, ob KZ-Insassen wie auch Soldaten von der Ostfront das Erlebte erzählt haben; immerhin war Soldaten verboten, dies z.B. im Urlaub zu tun, und diejenigen, die aus einem KZ entlassen waren, liefen Gefahr, im Falle von Berichten wieder eingeliefert zu werden. Und was hätten deutsche Alltagsmenschen, die von allen Seiten von Nachbarn, Blockwarten, Polizei und Denunzianten beobachtet wurden, ohne Gefährdung der eigenen Sicherheit und der ihrer Familien tun können ... Das heimliche Hören von »Feindsendern« konnte zur Verhaftung, öffentlich geäußerte Zweifel am Sieg der Wehrmacht zur Hinrichtung führen; ein Beispiel für letzteres ist das Schicksal der Schneiderin Elfriede Scholz, geb. Remarque, einer Schwester des Schriftstellers Erich Maria Remarque, die wegen einer freimütigen Äußerung von einer Kundin denunziert wurde und infolgedessen im Dezember 1943 unter dem Fallbeil starb[35].

Trotzdem hat es in den Jahren des NS-Terrors deutschen Widerstand gegeben. Der Schriftsteller Günther Weisenborn, der selber dem Widerstand angehörte, hat als erster über die zahlreichen Organisationen berichtet. In seinem Buch »Der lautlose Aufstand«, das 1952 erschien und auf eine Initiative seiner Kollegin Ricarda Huch zurückging, beklagt er einleitend, dass nach dem Krieg »die Taten der Widerstandsbewegung in allen ehemals besetzten Ländern bekannt« wurden »und ihr Ruhm wurde gepflegt. Nur die Taten der ältesten Widerstandsbewegung blieben unbekannt, die der deutschen«. Denn »die Sieger hatten wenig Interesse an der Veröffentlichung; sie beschlagnahmten fast alle Unterlagen und ließen sie in ihren Archiven verschwinden«[36]. Weisenborn und Ricarda Huch riefen - zunächst unabhängig voneinander - in der damaligen Presse dazu auf, Berichte über Erfahrungen zu schicken und waren von der Fülle der zugesandten Materialien »überrascht« bis »überwältigt«[37]. Mit dem Buch, das daraus entstand, wollte der Herausgeber »dem Vorwurf der deutschen Kollektivschuld ... wirksam entgegentreten«[38].

## 1.8
## Antisemitismus

Antisemitismus gibt es seit der Antike, zunächst als Feindlichkeit polytheistischer Kulturen gegen den jüdischen Monotheismus, dann - infolge der Institutionalisierung des Christentums in Staat und Papsttum - als Bekämpfung des mosaischen Glaubens an einen einzigen Gott durch die christlichen Verfechter der Dreifaltigkeitslehre von Gott, seinem Sohn Jesus und dem Heiligen Geist.

Im vierbändigen enzyklopädischen Handbuch des jüdischen Wissens von 1982 wird der christliche Antisemitismus, der über Jahrhunderte Massaker und Pogrome nach sich zog, nicht nur religiös, sondern auch wirtschaftlich und rassisch begründet[1]. Der Historiker und Antisemitismusforscher Wolfgang Benz unterscheidet dagegen »vier Grundformen der Judenfeindlichkeit«: »Erstens den vorrangig religiös motivierten Antisemitismus, wie er in der Antike und im Mittelalter zu finden war. Zweitens den ›modernen‹ Antisemitismus, der sich gegen Ende des 19. Jahrhunderts entwickelte. Drittens den ›sekundären Antisemitismus‹ nach dem Holocaust und viertens den Antizionismus«[2].

Vor dem Hintergrund des NS-Regimes fragt sich, ab wann von dem »›modernen‹« bzw. rassistischen Antisemitismus gesprochen werden kann. Der Soziologe Achim Bühl lässt ihn in der 2. Hälfte des 19. Jahrhunderts mit den Veröffentlichungen des deutschen Journalisten Wilhelm Marr beginnen, denn 1875 setzte Marr mit seiner Schrift »Lessing contra Sem«, einem der ersten antisemitischen Pamphlete, die Wortbildung »Antisemit« in die Welt; vier Jahre darauf erschien sein Buch »Der Sieg des Judentums über das Germanentum«. Gleichzeitig gründete er die »Antisemitenliga« und begann mit der Herausgabe der »Antisemitenhefte«[3].

Dass »Antisemitismus« schon ein Jahr nach Marrs erster Veröffentlichung zum allgemein bekannten Schlagwort geworden war, ging allerdings nicht darauf zurück, dass er einen handhabbaren Begriff geliefert hätte - ihm ging es lediglich darum, die traditionelle Dichotomie »Christ versus Jude« durch den Gegensatz »Germane versus Jude« zu ersetzen. Und damit stieß er bei nationalen und internationalen Zeitgenossen vergleichbarer Gesinnung auf offene Ohren. In Deutschland war es vor allem der Nationalökonom und Philosoph Eugen Dühring mit seinem Werk »Die Judenfrage als Racen-, Sitten- und Kulturfrage« (1881). In England verherrlichte der Publizist und Kulturphilosoph Houston Chamberlain mit seinen Büchern »Arische Weltanschauung« (1905) und »Rasse und Persönlichkeit« (1925) das Germanentum, in Frankreich versuchte der Diplomat Joseph Arthur Comte de Gobineau in vier Bänden über die »... Ungleichheit der Menschenrassen« (1853-1855) die Überlegenheit der »arischen Rasse« zu begründen, in Ungarn war es der Abgeordnete Gyözö Istoczy, der - in direktem Kontakt mit Wilhelm Marr - eine der deutschen »Antisemitenliga« vergleichbare Organisation schaffen wollte, und in Polen heizte der katholische Priester Hippolyte Lutostanski (1835-1915) mit seinen Pamphleten »Das Problem des Gebrauchs christlichen Blutes für religiöse Zwecke durch jüdische Sekten« (1876) und »Der Talmud und die Juden« (1879) die ohnehin antisemitische Stimmung an.

Anders als Bühl aber lässt die britische Historikerin Lyndal Roper den rassistischen Antisemitismus bereits mit Martin Luther beginnen. In ihrer 2016 erschienenen Biografie über den Reformator vertritt sie die Ansicht, dass Luther neben seiner »Schmährede gegen die rabbinische Schriftauslegung ... viel Raum ... dem Vorwurf an die jüdische Rasse gewidmet« habe; sie sei »arrogant und hochmütig«. Dazu gehören auch seine »Abscheu gegenüber der Beschneidung« sowie die Beschimpfung aller Jüdinnen »als beschmutzte Bräute und übelste Art von Huren«[4]. In seiner Kommentierung von Luthers Pamphlet »Von den Juden und ihren Lügen« wird der evangelische Pfarrer Matthias Morgenstern noch deutlicher. »Die judenfeindlichen Beschuldigungen ... werden ganz unabhängig von Einzelfallbeobachtungen geltend gemacht« und »auf die ›Natur‹ oder das ›Wesen‹ der Juden bezogen und verdienen deshalb ›protorassistisch‹ genannt zu werden«[5].

Wie dem auch sei – Tatsache ist, dass Luthers »Dokument der Schande«, wie Morgenstern es nennt, zur Steilvorlage für die Vernichtung der europäischen Juden wurde. So griff der Gauleiter Julius Streicher, der seinem Hetzblatt »Der Stürmer« schon 1933 den Titel »Juda's Greueltaten« gegeben hatte, alle auch von Luther vertretenen antisemitischen Narrative auf, von der Ritualmordlegende bis zur Bezeichnung der Juden als »Christusmörder«. Als Streicher im Nürnberger Prozess 1945/46 zum »Tod durch den Strang« verurteilt wurde, hatte er bis zuletzt versucht, ... seinen Kopf aus der Schlinge zu ziehen« mit der Behauptung: »›Wenn Martin Luther heute lebte, dann säße er hier an meiner Stelle‹«[6]. Angesicht des zunehmenden Rechtsradikalismus, für den sich der Begriff des »Neofaschismus« etabliert hat, fragt sich, ob sich das Ganze wiederholen könnte. Die Anschläge auf Synagogen, jüdische Geschäfte und Kippa-tragende Schüler, ebenso die antisemitischen Tendenzen in Militär, Polizei und sogar im Parlament machen derartige Befürchtungen realistisch.

Andererseits zeigt die Geschichte, dass ein friedliches Zusammenleben von Juden mit Polytheisten oder Christen möglich ist. Im Reich Alexanders des Großen (336 – 323) wurden Juden in Städten des Mittelmeers angesiedelt; für die Ausübung ihrer Religion erhielten sie sogar Privilegien. Im vorchristlichen Rom konnten sie ihre Gebräuche uneingeschränkt praktizieren und erfuhren erstmals eine Integration im Sinne sozialer Gleichstellung.

Im Mittelalter trat Kaiser Heinrich IV. (1056 – 1106) als Beschützer der jüdischen Minderheit auf; er verbot die gewaltsame Taufe und gestattete im Fall erzwungener Konversion die Rückkehr zu ihrem Glauben, wofür er sogar eine Kontroverse mit dem Papst in Kauf nahm[7]. Im Zeitalter der

Aufklärung hatten Schriften wie die von Christian Wilhelm Dohm »Über die bürgerliche Verbesserung der Juden« (1781/83) entsprechende Gesetze zur Folge: 1812 das Edikt Friedrich Wilhelms III. - »betreffend die bürgerlichen Verhältnisse der Juden im Preußischen Staate« - das »Juden (gestattete) ... preußische Staatsbürger zu werden«[8]; die Frankfurter Nationalversammlung von 1848, in der auch jüdische Abgeordnete vertreten waren, beschloss für alle männlichen Juden die bürgerliche und staatsbürgerliche Gleichberechtigung und im Norddeutschen Bund (1866 - 1871) wurde diese Gleichberechtigung auf ihre Religion erweitert.[9] Das alles wurde zwar auch im jeweiligen Eigeninteresse verfügt - man wollte von jüdischer Kompetenz und Wirtschaftskraft profitieren - aber materialistische Motive gehören zur politischen Realität. Nach Krieg und Holocaust löst der Neofaschismus die Angst vor einer Wiederholung vergangener Schrecken aus. »Der Ur-faschismus«, schrieb der italienische Autor Umberto Eco (1932 - 2016), »ist immer noch um uns, manchmal in gutbürgerlich-ziviler Kleidung«[10]. Es sei »eine Illusion, die neuen Fälle von Antisemitismus als eine marginale Krankheit zu betrachten, die nur einen verirrten Rand der Gesellschaft betrifft. Jüngst vorgefallenen Ereignisse lehren uns, dass das Gespenst dieser tausendjährigen Obsession noch immer unter uns umgeht«[11]. Aber es gebe eine Möglichkeit, ein friedliches Europa zu erreichen: es müsse gelingen, »einen ... virtuellen Vertrag gegen Intoleranz zu unterzeichnen«[12].

Dieser Vorschlag ist weniger idealistisch, als er auf den ersten Blick erscheint. Denn »unsere Intoleranz zu bekämpfen«, bedeute »nicht, dass wir jede Sicht der Welt hinnehmen und den ethischen Relativismus zur neuen europäischen Religion machen müssen«. Es gebe »Gewohnheiten, Vorstellungen und Verhaltensweisen, die für uns inakzeptabel sind und bleiben müssen. Manche Werte, die typisch für die europäische Sicht der Welt sind, repräsentieren ein Erbe, auf das wir nicht verzichten können«[13].

Ein historisches Beispiel dafür, dass die Verbindung von Toleranz und Wahrung der Identität möglich sein kann, ist für Eco der Friede von

1678/79 im niederländischen Nimwegen. Mit diesem Frieden bzw. den dort geschlossenen Verträgen endeten mehrere Kriege zwischen acht Ländern katholischer oder protestantischer Konfession: Frankreich, den Vereinigten Niederlanden, Spanien, Brandenburg-Preußen, Schweden, Dänemark, dem Fürstentum Münster und dem Heiligen Römischen Reich deutscher Nation. Nimwegen sei »zu einem Ort der Begegnung für die Vermittler aus ganz Europa« geworden, »die hier zusammenkamen, um den Kriegen ein Ende zu setzen, die unseren Kontinent im 17. Jahrhundert verheert hatten. Auch wenn diese Verträge später vernachlässigt wurden, waren sie doch (nach den Schrecken des Dreißigjährigen Krieges) das erste Beispiel für ein Bemühen, Frieden durch Dialog und Verhandlung zu erreichen«. Deshalb könne »man dieses Ereignis ... als ein Schlüsselerlebnis der europäischen Geschichte betrachten«[14].

Es bleibt zu hoffen, dass sich Verhandlungserfolge wie der von Eco genannte, irgendwann von der politischen Ebene auf die gesellschaftliche übertragen lassen ...

# 2. Eva und die Folgen

Die Erschaffung Evas aus der Rippe Adams,
von Michelangelo (1475–1564)
in der Taufkapelle der Kathedrale in Padua (14. Jh.)

## 2.1
# Die Eva der Bibel

Anders als der Judas des Neuen Testaments, der durchweg als Verräter daherkommt, ist die Eva der Bibel ambivalent. In der ersten der beiden Schöpfungsgeschichten (Genesis 1) wird sie - wie Adam - nicht nur von Gott geschaffen, sondern ist - wie jener - auch Gott ähnlich: »Gott schuf den Menschen nach seinem Bilde, zum Bilde Gottes schuf er ihn; und schuf sie als Mann und als Frau« (Genesis 1,27). Darüber hinaus sollen beide »herrschen über die Fische im Meer und über die Vögel unter dem Himmel und das Vieh und über die ganze Erde und über alles Gewürm, das auf Erden kriecht« (Genesis 1,28). Und damit auch kein Zweifel an der Vollkommenheit dieser Schöpfung aufkommt, wird sie abschließend als solche bestätigt: » Gott sah an, alles, was er gemacht hatte, und siehe, es war sehr gut« (Genesis 1,31).

Dagegen wird in der zweiten Schöpfungsversion (Genesis 2 und 3) die Gleichheit der beiden Geschlechter zu Ungunsten des weiblichen aufgehoben. Das beginnt damit, dass die Frau nicht für sich, sondern nur für den Mann da sein soll, denn es sei »nicht gut«, dass der Mann - immer noch »Mensch« genannt - »allein sei«; deshalb »will« Gott »ihm eine Hilfe machen, die ihm entspricht« (Genesis 2,18). Und nachdem die Tiere sich für diesen Zweck als nicht geeignet erwiesen haben, »ließ Gott der Herr einen tiefen Schlaf fallen auf den Menschen. Und er nahm eine seiner Rippen und ... baute eine Frau aus der Rippe, die er von dem Menschen nahm, und brachte sie zu ihm« (Genesis 2,21-22). Hinzu kommt, dass der »Mensch« - wie zuvor schon allen Tieren - seiner »Hilfe« einen Namen gibt; zunächst »Männin ... weil sie vom Manne genommen ist« (Genesis

2,23), dann nachdem er selber unvermittelt »Adam« heißt (Genesis 3,8) - »Eva«.

Angesichts der Gegensätzlichkeit der - wie Adam - gottähnlichen Eva und der ihm untergeordneten Frau stellt sich die Frage nach der Entstehung der beiden Schöpfungsgeschichten.

## Eva und die Muttergöttin

Der Schlüssel zur Herkunft der ersten Version in Genesis 1 ist der Name, den Adam seiner »Gehilfin« gibt: »Eva«, »die Mutter aller, die da leben« (Genesis 3,20). Dabei ist zu beachten, dass »die Namengebung in der Bibel ein sehr wichtiger Akt ist, denn der Name drückt das Wesen einer Person aus« [1]

Die Theologin Helen Schüngel-Straumann weist darauf hin, dass »Eva« - im Hebräischen Chawwa - »Mutter alles Lebendigen« bedeutet und vermutet, dass dieser »Titel ... ursprünglich die Bezeichnung einer Göttin« war.[2] Damit würde die biblische Eva in der Tradition der altorientalischen Mutter- und Fruchtbarkeitsgöttinnen stehen: der sumerischen Inanna, der babylonischen Ishtar, der Chat al Hüyük in Anatolien, der Kybele, der »Großen Muttergöttin von Kleinasien«, der Anat in Palästina usw[3]. Allen diesen Göttinnen ist gemeinsam, dass sie - zu Beginn mit ihrem Sohn, der gleichzeitig ihr Geliebter ist, die »Heilige Hochzeit« begehen. In der vor- und frühgeschichtlichen Zeit war es, z.B. bei den Sumerern, die Hohepriesterin des Inanna-Tempels in Uruk, die - in Vertretung der Göttin - mit dem König des Stadtstaates »das Ritual« vollzog. Es sollte dem Herrscher Thron und Amt sichern, den Schutz seiner Regierung, vor allem aber »die Fruchtbarkeit der Gläubigen und ihrer Felder Tiere« beschwören.[4]

»Der erste sumerische König, der nachweislich den ›Hieros Gamos‹ vollzog, ist der um 2100 v. Chr. herrschende Sulgi«[5]. »Ort der Handlung war

Gebärende Göttin auf dem Löwen-Thron, Terrakotta-Figur aus Chatal Hüyük

Marmorskulptur der sitzenden Kybele, Paul Ghetty Museum

ein Raum, der sich auf der obersten Stufe des Tempels, der Zikurrat, befand und in Ur, im Tempel der Ningal, der Mutter Inannas, mit einem Liebeslager, einer gemauerten Plattform, erhalten geblieben ist. Außerdem gibt es eine Beschreibung eines solchen Raumes im Tempel von Babylon, die von dem griechischen Historiker Herodot stammt«[6]. Der älteste Mythos, in dem die Göttin Inanna, dann Ishtar, in dieser Rolle erscheint, ist der um Gilgamesch, dem sagenhaften Herrscher von Uruk. Die in Keilschrift verfassten zwölf Tafeln entstanden zwischen 1300 und 1000 v. Chr. und können mit dem Priestergelehrten Sin-leque-nuninni sogar einen Autor aufweisen. Die Verfasser der alttestamentarischen Schöpfungsgeschichten, die im 6. Jh. v. Chr. entstanden, müssen das Werk des babylonischen Priesters gekannt haben, denn die dortigen Motive des Lebensbaums, der göttlichen Erschaffung des Menschen aus Lehm, seiner Sterblichkeit sowie der Schlange spielen auch in der Genesis eine zentrale Rolle. Allerdings zeichnen sich schon im Mythos bzw. seiner Verschriftlichung in den zwölf Tafeln die Einflüsse einer patriarchalischen Umwelt ab. Das wird zunächst in der Darstellung der Heiligen Hochzeit deutlich: So weist Gilgamesch die Göttin Ishtar, die das Ritual - wie gewohnt, mit ihm begehen will, als Prostituierte zurück: »Er bezichtigt die Göttin der Treulosigkeit und zählt ihr die von ihr verstoßenen Liebhaber auf«[7]. Darüber hinaus tötet er den Himmelsstier, den sich Ishtar von ihrem Vater Anu erbeten hat, um sich an Gilgamesch zu rächen. Der Lebensbaum, der hier zur Göttin Ishtar gehört, vermag es nicht, den von der Muttergöttin Aruru aus Lehm geschaffenen Menschen vor der Sterblichkeit zu bewahren: Der Baum - in der XI. Tafel zum »Verjüngungskraut« mutiert - wird von der Schlange gefressen, so dass der Mensch, in diesem Fall Gilgamesch, die Sterblichkeit als unausweichliches Schicksal akzeptieren muss[8].

Der Patriarchalismus der kanonischen Gilgameschfassung kommt auch in der zweiten Schöpfungsgeschichte zum Ausdruck (Genesis 2 und 3), allerdings nicht im Text selber, wenn man von der Überschrift von Genesis 3 - »Der Sündenfall« - absieht, sondern in der späteren Rezeption und Interpretation. Der »Der Sündenfall« ereignet sich in dem von Gott gepflanzten »Garten Eden gegen Osten hin«, der außer »allerlei Bäume(n), verlockend anzusehen und gut zu essen«, noch zwei ganz besondere Bäume hat: »den Baum des Lebens ... und den Baum der Erkenntnis des Guten und des Bösen« (Genesis 2,8 - 9). Vor dem »Baum der Erkenntnis« wird »der Mensch«, noch bevor er als »Mann«, dann als »Adam« auftritt, ausdrücklich gewarnt: Er dürfe essen von allen Bäumen im Garten, »aber von dem Baum der Erkenntnis des Guten und des Bösen« - so Gott - »sollst du nicht essen, denn an dem Tage, da du von ihm isst, musst du des Todes sterben« (Genesis 2,16-17). Die Initiatorin der »Sünde« ist nicht Eva, sondern eigentlich die Schlange, die »listiger (war) als alle Tiere auf dem Felde« (Genesis 3,1), aber ursprünglich eine Göttin ist[9] und in vorchristlichen Kulturen auch häufig als lebendes Attribut einer Göttin erscheint, besonders eindrucksvoll bei der kretischen Schlangengöttin.

In Genesis 3 versucht Eva sogar, der Übertretung von Gottes Gebot zu entgehen, indem sie auf die hinterhältige Frage der Schlange: »Ja, sollte Gott gesagt haben: Ihr sollt nicht essen von allen Bäumen im Garten?« (Genesis 3,1) - mit der Wiederholung des Verbots reagiert: »... von den Früchten des Baumes mitten im Garten hat Gott gesagt: Esset nicht davon, rühret sie auch nicht an, dass ihr nicht sterbet« (Genesis 3,2-3).

Daraufhin wird die Schlange deutlicher: »Ihr werdet keineswegs des Todes sterben, sondern Gott weiß: an dem Tage, da ihr davon esst, werden eure Augen aufgetan, und ihr werdet sein wie Gott und wissen, was gut und böse ist« (Genesis 3,4-5). Erst danach pflückt Eva von besagtem Baum eine Frucht, »weil er klug machte«, und gibt auch Adam davon, und dieser greift ohne moralische oder sonstige Bedenken zu. Die Folge ist, dass Adam und Eva ihre Nacktheit erkennen und sich schämen, was daran deutlich wird, dass sie »Feigenblätter zusammen (flochten) und ... sich Schurze (machten)« (Genesis 3,7).

Als Gott ihren neuen Zustand entdeckt, wendet er sich nicht an Eva, sondern an Adam, dem gegenüber er ja das Verbot ausgesprochen hat (Genesis 2,16-17). Erst dieser verweist auf Eva und sie auf die Schlange, woraufhin nicht nur Eva, sondern alle drei - in umgekehrter Reihenfolge - verurteilt werden: die Schlange zu lebenslangem Auf-dem-Bauch-Kriechen und »Staub fressen« (Genesis 3,13), Eva zur Mühsal von Schwangerschaften und Geburten sowie zum Gehorsam gegenüber Adam. Adam soll sein »Brot« »im Schweiße« seines »Angesichts ... essen« und irgendwann sterben: »Denn Staub bist du und zum Staub kehrst du zurück«; zusätzlich aber wird er dafür bestraft, dass er seiner Frau gehorcht hat (Genesis 3,17-19). Der »Baum des Lebens«, der bis dahin nur einmal im Zusammenhang mit der Verwarnung Adams genannt worden ist (Genesis 2,9), spielt in der abschließenden Vertreibung Adams und Evas aus dem Garten Eden eine entscheidende Rolle:

die Vertreibung soll verhindern, dass die beiden - wie Gott - unsterblich werden. Dafür sorgen dann die »Cherubim mit dem flammenden, blitzenden Schwert, zu bewachen den Weg zum Baum des Lebens« (Genesis 3,24).

## Eva, die Sünderin

Die Identifikation der allenfalls mitschuldigen Eva mit der »Sünde« vollzieht sich erst vor dem Hintergrund antiker Literatur und Philosophie. Ein Beispiel für ersteres ist die Pandora in der Theogonie des griechischen Dichters Hesiod (um 700 v. Chr.). Danach befahl der Göttervater Zeus dem hinkenden Schmied Hephaistos, »aus Lehm eine Figur voller Schönheit zu schaffen«: die erste Frau. »Aber der Gott Hermes versah sie mit lügnerischen und schmeichelnde(n) Worte(n) - sowie verschlagene(r) Gesinnung - Sobald sie das Haus des ersten Mannes betreten hat«, »öffnet Pandora den Deckel eines Kruges (im 16. Jahrhundert falsch übersetzt als ›Büchse‹) und bevor sie diesen wieder schließen kann, strömen alle Übel heraus, die das Menschengeschlecht seither plagen«[10].

Der gleichfalls griechische Philosoph Aristoteles (384-322 v. Chr.) beschränkt sich nicht mehr auf eine Frau aus Religion oder Mythos, sondern reflektiert über d i e Frau allgemein. Abgesehen davon, dass er sie über dem Sklaven, aber unter dem Mann einordnet[11], begründet er diese ihre Position mit seiner »Mas-occasionatus-Theorie«, nach der ein weibliches Wesen kein selbstständiges, »sondern nur ein occasio-natus, unzulänglich zustandegekommenes, mißgebildetes mas, männliches Wesen war«[12].

Etwa zur gleichen Zeit entstand die sogenannte Weisheitsliteratur, die im Alten Testament als »Sprüche Salomos (Proverbia)« und »Predigten Salomo(s) (Kohelet)«, in den Apokryphen als »Buch Jesus Sirach« aufgenommen wurde, wobei »keine andere biblische Weisheitsschrift ... so viele Aussagen über Frauen enthält wie letztere[13].

Adam und Eva
auf einem Gemälde von Lucas Cranach d.Ä., ca. 1518

In all diesen Schriften wird – zur Belehrung junger Männer – die gute Frau der verführerischen gegenübergestellt, die das zukünftige Leben des Mannes zerstören könnte. So heißt es: »Eine anmutige Frau gewinnt Ansehen, und eine Tatkräftige gewinnt Reichtum« (Spr. 11,16) oder: »Eine gute Frau – glücklich ihr Mann und die Zahl seiner Tage ist die doppelte. Eine tüchtige Frau schafft Wohl ergehen ihrem Mann, und in den Jahren seines Lebens erfreut sie ihn« (Buch Jesus Sirach 26,1). Dagegen ist »eine Frau, zwar schön, aber ohne Anstand (ein goldener Ring im Rüssel einer Sau)« (Spr. 11,22); nach den Predigten Salomos ist die Frau »bitterer als der Tod ... Sie besteht aus Schlingen, Fangnetze sind ihr Herz, Fesseln ihre Arme« (Koh.7,26) und im Buch Jesus Sirach heißt es: »Mit einem Löwen und Drachen zusammenzuleben, erschiene mir angenehmer, als mit einer schlechten Frau zusammenzuleben« (Buch Jesus Sirach 25,16). Auf die Eva der Genesis 2 und 3 bezieht sich dann der Satz: »Von einer Frau nahm die Sünde ihren Anfang, ihretwegen müssen wir alle sterben« (Buch Jesus Sirach 25,24; alle Zitate aus Schüngel-Straumann, S. 123, 126, 123, 126, 124, 126). Dass aber die »Sünderin Eva« – und mit ihr alle Frauen einen Siegeszug durch die Jahrhunderte antreten konnte, geht erst auf die frühchristlichen Prediger zurück, allen voran auf den Apostel Paulus (1. Jh.n. Chr.). Er setzte die ambivalente Rhetorik der Weisheitsliteraten fort, indem er zwar die Gleichheit der Geschlechter »in Christus Jesus« betonte (Brief an die Galater 3,28), aber andererseits die Unterordnung der Frau unter Mann, Kirche und Gott mit der angeblichen »Sünde Evas« begründete, so in seinem 1. Brief an den Leiter der Gemeinde der kleinasiatischen Stadt Ephesus: »Eine Frau lerne in der Stille mit aller Unterordnung. Einer Frau gestatte ich nicht, dass sie lehre, auch nicht, dass sie über den Mann herrsche, sondern sie sei still. Denn Adam wurde nicht verführt, die Frau aber wurde verführt und übertrat das Gebot« (1. Thimotheus 2,11 – 14).

Aber die Eva der ersten Schöpfungsgeschichte war damit nicht ganz verloren, und auch die »listige« Schlange wurde rehabilitiert. 1945 fand ein ägyptischer Bauer des Dorfes Nag-Hammadi, in der Nähe von Luxor, die sogenannten Nag-Hammadi -Schriften. Sie waren irgendwann gegen Ende des 4. Jahrhunderts von Mönchen in koptischer Sprache verfasst worden, sollen allerdings viel älter sein. Nach einer dieser Schriften, der »Apokalypse des Adam«, hat Adam »›seinem Sohn Seth offenbart, dass seine Mutter Eva ihn, Adam, ein Wort der Erkenntnis des ewigen Gottes (lehrte): Und wir glichen den großen ewigen Engeln, ›denn wir waren erhabener als der Gott, der uns geschaffen hatte‹«. Wie der US-amerikanische Literatur- und Sprachprofessor Stephen Greenblatt schreibt, »sind die Geschöpfe stärker als ihr Schöpfer, und Gott wird zunehmend eifersüchtig und furchtsam; der Mann aber ist abhängig von Mut und Wissen der Frau. So ist in dieser Version Eva die Heldin, denn sie hat mutig für sich und alle Menschen erfasst, was der neidische Schöpfer ihr und allen Menschen vorenthalten wollte«. Eine weitere dieser Schriften – das »Testimonium Veritatis« oder »Zeugnis der Wahrheit« ist ... aus »der Perspektive ... der Schlange geschrieben ..., der Gott der Genesis ist nicht unser Freund, vielmehr ist die Schlange die Wohltäterin der Menschen«[14].

Die Nag-Hammadi-Schriften waren weiträumig verbreitet. Trotzdem wurde keine in den biblischen Kanon aufgenommen. Die Texte »schaffte(n) es nicht einmal in die Apokryphen, die den handgeschriebenen, später den gedruckten Bibeln als Anhang beigegeben wurden«[15]. Das ist umso bemerkenswerter, als viele frauenfeindliche Texte, die außerhalb der Bibel entstanden waren, in den Apokryphen Aufnahme fanden[16].

»Sündenfall« – Marcellinus, Fresko, Petrus-Katakombe, 1. Hälfte 3. Jh. Rom

## 2.2 Eva, die Schlange und der Tod

Dass vor und noch lange nach Chr. Geburt nur eine Elite - meist geistlicher Provenienz - lesen und schreiben konnte, wurde schon im Kapitel über die Judasdarstellung (Kap.1.2) angedeutet. Dass diese Kulturtechniken erst im 19. Jahrhundert im Zusammenhang mit der Industrialisierung und der Einführung der Volk- bzw. Grundschulen, anfingen, Allgemeingut zu werden, ist zu ergänzen, noch 1820 konnten nur 12% der Weltbevölkerung lesen und schreiben, in Deutschland 2018 6,2 Millionen allenfalls ansatzweise[1]. Umso wichtiger für die Vermittlung der biblischen Schöpfungsgeschichten waren Plastiken und Reliefs, Fresken und Gemälde in und an Kirchen, Miniaturen und Malereien in Bibeln, Stunden- und Gebetsbüchern.

Dabei reichten die Themen zum ersten Menschenpaar von der Erschaffung Adams und Evas im Paradies, über den »Sündenfall« bis zu ihrer Vertreibung aus dem »Garten Eden«. Seltener ging es auch um den anschließenden mühevollen Alltag, so in einer Malerei aus dem sogenannten »Albani-Psaltar«, einer im 12. Jahrhundert in England entstandenen Psalmensammlung; hier »(tragen) die Beiden, in Felle gekleidet ... Werkzeuge«, die sie nach ihrer Vertreibung brauchen:

»... der Mann die Sense, die Frau einen Spinnrocken«[2], ein Sujet, das vor dem Hintergrund vermutlich des Bauernkriegs (1524 - 1525) auch literarisch aufgegriffen wurde: »Als Adam grub und Eva spann, wo war denn da der Edelmann ... ?«

## Die »Sünde« in den Weltreligionen

Aber in allen Jahrhunderten dominierte der »Sündenfall«. Das hängt auch damit zusammen, dass »in keiner Weltreligion (die Sünde) eine so große Rolle spielt wie im Christentum« (Matthias Dobrinski). Der Islam»(kennt)« zwar das »Jüngste Gericht, Himmel und Hölle«, aber »auch Reue und Buße als Schlupfloch nach dem persönlichen Sündenfall« (Thomas Avernarius). »Dem Buddhismus sind Gott und der Teufel so fremd wie Himmel und Hölle - und damit gibt es auch keine Sünde ... Sehr wohl aber gibt es gute und schlechte Gedanken, Worte und Werke und die haben Konsequenzen: Lebt ein Mensch das ihm zugedachte Leben schlecht, gibt das schlechtes Karma. Dann wird das Individuum in einer schlechteren Seinsform wiedergeboren ... Erst im Nirwana, in der Auflösung des Ichs, verschwinden ... Gier und Egoismus und Aggression« (Matthias Drobinski). Auch der »Hinduismus« kennt »keine Ursünde«, keine verbotenen Äpfel, keinen strafenden Gott ... Es gibt für ihn das Karma, für das jeder selbst verantwortlich ist«, aber »gottgeweihtes Handeln führt« - wie im Buddhismus - »zur Befreiung aus dem ewigen Kreislauf der Wiedergeburten ...« (Karin Steinberger). Ebenso ist »dem Judentum« die Vorstellung eines Jenseits, in dem Gott mit einer Strafe warten könnte, ... fremd. Praktische Ethik ist die Königsdisziplin der Rabbiner ... Einmal im Jahr, am Jom Kippur (Tag der Versöhnung) sind Gläubige aufgefordert, ihre Fehltritte zu reflektieren. Aber ohne Beichte, ohne Rabbiner, dafür mit den Gesten einer Entschuldigung und Wiedergutmachung direkt an jene Menschen, die sie verletzt haben« (Ronen Steinke). Dagegen stehen »am Anfang des »Christentums« der »Baum samt Früchten, ... die flüsternde Schlange, ... Adam und Eva und die unwiderstehliche Versuchung. Die Sünde kommt zum Menschen mit dem Biss in die Frucht der Erkenntnis. Im Moment, wo er sich seiner bewusst wird, ist das Paradies verloren, die Trennung von Gott vollzogen. Die Sünde und der Mensch gehören seitdem zusammen ... Der Sünder lädt also täglich Schuld auf sich, er braucht deshalb die Reue, die Buße und die Umkehr sowie den gnädigen Gott, der ihn aufnimmt. Für Katholiken geschieht das in der Beichte, für Protestanten allein durch die Gnade Gottes« (Matthias Drobinski)[3]. Wie dem auch sei - seit der Konversion des römischen Kaisers Konstantin des Großen (306 - 337) im Jahre 312 war die Christenheit ins Tageslicht der römischen Welt getreten; 391 wurde es von Kaiser Theodosius (347 - 395) sogar zur Staatsreligion erhoben. Damit war der Weg frei für die optische Vermittlung des »Sündenfalls«, zunächst für die katholischen Jahrhunderte bis zur Reformation Martin Luthers, Ulrich Zwinglis und Johannes Calvins im 16.Jahrhundert, dann für die katholische Gegenreformation, die bis zur Mitte des 17. Jahrhunderts versuchte, protestantisch gewordene Gebiete zurückzugewinnen.

## Der biblische »Sündenfall« als Thema der Kunst

Die ersten Darstellungen des »Sündenfall (s)« traten schon in den frühchristlichen Katakomben Roms auf, so in der Katakombe der Heiligen Marcellinus und Petrus. Auf dem Fresko haben Adam und Eva demütig anmutende Körper, »bereits von Scham ergriffen. Ihre Köpfe sind gesenkt, die Arme hängen nach vorne herunter, ängstlich bestrebt, ihre Geschlechtsteile zu bedecken«[4]. Der Baum der Erkenntnis des Guten und des Bösen steht, sie überragend, zwischen ihnen. Offensichtlich zum Zeichen ihrer beiderseitigen Schuld.

Und »sie haben allen Grund zur Scham, sind sie doch als Paar, verantwortlich für den Tod, der die Katakomben ... erst notwendig machte«[5].

Auf dem Marmorsarkophag des römischen Senators Junius Bassus, entstanden um 359, sind Adam und Eva ähnlich dargestellt, nur dass sie sich voneinander abwenden und sich um den unteren Teil des Baumstammes eine dicke Schlange windet.

»Das Regime der Scham«, wie der US-amerikanische Schriftsteller Stephen Greenblatt schreibt, »hielt sich bis ins spätere Mittelalter«[6], so auf

Adam und Eva nach dem Sündenfall,
links auf dem Sarkophag des Junius Bassus (Ausschnitt), um 359
und rechts die Verurteilung Adams und Evas durch Gott, Detail der Bernwardstür,
Hildesheim (um 1015)

einem reliefartigen Detail der Bronzetür, die der Bischof Bernward Anfang des 11. Jahrhunderts für den Hildesheimer Dom gießen ließ. Auch hier sind Adam und Eva - er links vor dem Baum, sie rechts dahinter - schuldgebeugt, wobei die drachenähnliche Schlange, zwischen Evas Beinen hervorkommend, sich zügelnd zu ihr aufrichtet. Die Schuld des ersten Menschenpaares wird hier noch dadurch betont, dass der aufrechtstehende Gott mit dem Finger auf Adam zeigt, Adam auf Eva und Eva auf die Schlange bzw. den schlangenähnlichen Drachen.

## Adam und Eva in der Renaissance

Diese Sichtweise änderte sich erst während der Renaissance, die - seit dem 14. Jahrhundert von Italien ausgehend viele Länder Europas erfasste. Ging es bis dahin um die Darstellung der Schuld Adams und Evas, so stand bei den Renaissancekünstlern die Schönheit ihrer nackten Körper im Vordergrund, wobei nur noch das die Geschlechtsregion verdeckende Blatt an Sünde und Schuld erinnert.

Das Fresko, das der italienischen Maler Masaccio (1401 - 1428) um 1425 für die Kirche der Karmeliterinnen in Florenz geschaffen hat, stellt eine Art Übergang dar. Es zeigt Adam und Eva als aus dem Paradies vertriebenes Paar. Während über ihnen vor einem blauen Himmel der Cherubim mit geschwungenem Schwert zu sehen ist, »schleppt sich das sündige Paar voran«, getrieben von ... mysteriösen schwarzen Strahlen, die ... den Fliehenden hinterherzuschießen scheinen«[7]. Die beiden haben nicht nur schöne und lebensnahe Körper, sie sind auch völlig nackt; die Blätter, die das jeweilige Geschlecht verdecken, wurden - wie eine »Restaurierung in den 1980er Jahren gezeigt« hat - erst nachträglich darüber gemalt[8].

Die Vertreibung aus dem Paradies (1424–1428), Masaccio, Fresko Santa Maria del Carmine, Florenz

Fast gleichzeitig »fand im Norden Europas ein weiterer großer Künstler, ... der flämische Maler Jan van Eyck« (1390 - 1441), »einen vergleichbar revolutionären Weg, um Adam und Eva eine beunruhigend neue Körperlichkeit zu verleihen«[9].

Sie sind auf der Innenseite des linken und rechten Flügels des Genter Altars zu sehen, in der Kathedrale St. Bavo (1432). Beide sind - wie die frühchristlichen Darstellungen und die auf der Hildesheimer Bronzetür gleich groß, aber »scheinen ... unter der vollkommen behandelten Oberfläche mit

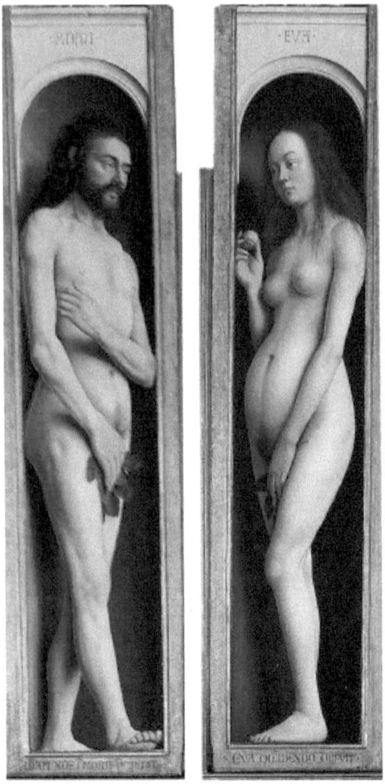

Jan und Hubert van Eyck: Adam und Eva, Genter Altar (linker und rechter Flügel), Kathedrale St. Bavo 1432

jeder Pore lebendig zu sein«[10]. Auch gibt es weder den fatalen Baum noch die listige Schlange; nur die Blätter, mit denen Adam und Eva ihr Geschlecht bedecken und die weniger an einen Apfel als an eine zitrusartige Frucht erinnernde Kugel in der Hand Evas erinnern daran, dass sie für den »Sündenfall« verantwortlich sein sollen. Entsprechend wirken ihre Gesichter nur ernst bzw. nachdenklich und der vorgewölbte Bauch Evas ist - wie in der zeitgenössischen Malerei - Ausdruck ihrer Gebärfähigkeit, auf die ja schon die Schöpfungsgeschichte mit der Bedeutung ihres Namens Eva - »Mutter aller, die da leben« - hinweist (Genesis 3,20).

In Deutschland setzte sich die Tendenz der Renaissancekünstler zur Darstellung körperlicher Schönheit fort, wobei die Attribute der Sündhaftigkeit immer mehr in den Hintergrund traten. Auf den zahlreichen Gemälden des Malers Lucas Cranach d. Ä. (1472-1553) bleiben sie noch sichtbar; vor allem der Schlange hat er seine Aufmerksamkeit gewidmet, aber weder Körperhaltung noch Gesichtsausdruck des erste Menschenpaares erwecken den Eindruck des geringsten Schuldbewusstseins. Auch zeigt Evas Mimik keine Spur verführerischer Absichten. Nur auf dem Gemälde, das Cranach im Jahr 1526 gemalt hat, erweckt die Gestik Adams, der den Apfel schon in der Hand hält, den Eindruck der Unsicherheit, ob er das Angebot annehmen soll oder nicht.

Lucas Cranach der Ältere: Adam und Eva (1526)

Albrecht Dürer (1471 - 1528) hat den Realismus in seinem 1504 gestalteten Kupferstich noch weiter getrieben. Nicht nur die Schönheit des weiblichen, vor allem die des männlichen Körpers ist bis in die Muskelstrukturen und den Lockenkopf Adams, die wellig wehenden langen Haare Evas bis

Der Sündenfall, Stich von Albrecht Dürer von 1504

ins Detail wiedergegeben; auch die Tiere - ein Ochse, eine Katze, ein Hase, ein Hirsch und der Papagei links oben auf einem Baumzweig sitzend - wirken fotographisch genau wiedergegeben. Die Gesichter des Paares zeigen keinerlei Schuldbewusstsein und Eva ist keine Verführerin. Wären nicht

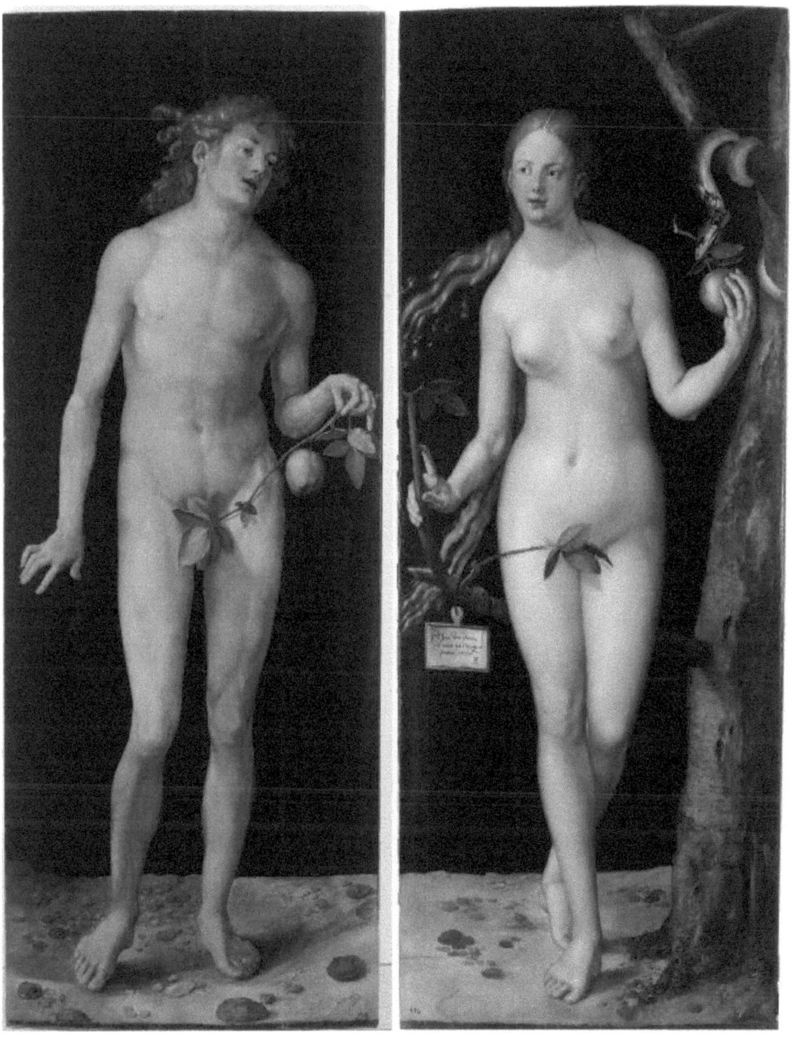

Adam und Eva, Gemälde von Albrecht Dürer, 1507,
Öl auf Kiefernholz je 209 × 81 cm

die relativ unauffällige Schlange und der Apfel, den Eva ihr – nicht Adam – reicht, man käme nicht darauf, dass der Kupferstich den »Sündenfall« darstellt, auch weil der Baum in der Mitte aussieht wie jeder andere auch. »Rasch wurde diese Blatt berühmt, und weil die Kupferplattentechnik es ermöglichte, das Bild wieder und wieder zu reproduzieren, konnte es auch erfolgreich vermarktet und vertrieben werden. Tausende Menschen in ganz Europa sahen das gleiche fesselnde Bild und glaubten, nachdem sie es gesehen hatten, sicher zu wissen, wie die ersten Menschen im Garten Eden ... aussahen«[11].

## Eva, die Sünderin

Die Unverfänglichkeit dieser und ähnlicher Darstellungen von anderen Künstlern ist umso erstaunlicher, als es gleichzeitig – selbst von Dürer – zahlreiche gegenteilige Versionen gab, in denen Eva als Inkarnation hinterhältiger Verführungskunst und die Schlange als ihre Komplizin erschien. Der »Hexenhammer« das Handbuch gewissermaßen der Verfolgung und Vernichtung von Frauen als Hexen, kam zwar erst 1487 auf den sich etablierenden Kunstmarkt, aber der Glaube an die Existenz von Unheil stiftenden Dämoninnen breitete sich in Europa spätestens seit dem 5. Jahrhundert aus. Ein besonders krasses Beispiel ist das Gemälde »Eva, die Schlange und der Tod« des Malers Hans Baldung Grien (1484/85 – 1545), eines Schülers übrigens von Albrecht Dürer. Die Entstehung des Bildes wird unterschiedlich datiert; nach Stephen Greenblatt ist es zwischen 1510 und 1515 entstanden, die Theologin Helen Schüngel-Straumann führt es auf das Jahr 1526 zurück[12]. Dagegen scheint sicher zu sein, dass Baldung Grien »soweit wir sehen, 1517 einen profanen Entwurf im Gemälde behandelt« hat, »den Tod, der ein junges Weib angreift (Basel, öffentl. Kunstsammlung)«[13]. Jedenfalls wendet sich Eva auf dem Bild mit verführerischem

Hans Baldung Grien:
Eva, die Schlange und der Tod
(um 1510–1515)

Berthold Furtmeyer:
»Baum des Todes und des Lebens« (1481)
München

Blick, wehenden roten Haaren und mit sinnlich provozierender Körperhaltung einer Schlange zu, die sich um einen Baumstamm windet und in den knochigen Arm des hinter dem Baum hervortretenden Todes beißt, während dieser den linken Unterarm Evas umkrallt. Was Baldungs Gemälde von den zahlreichen anderen Darstellungen zum »Sündenfall« unterscheidet, ist die Abwesenheit Adams. Stattdessen findet - bildlich gesehen - ein »Dialog« Evas mit der Schlange statt. Der Maler muss dabei die Scene aus Genesis 3,1 - 5 im Kopf gehabt haben, in der die Schlange Eva dazu überredet, das Gebot, das Gott Adam erteilt hat, »von dem Baum der Erkenntnis des Guten und Bösen ... nicht« zu »essen« (Gesis 2,17), zu ignorieren. Dass Eva dieser Empfehlung der Schlange folgt, indem sie Adam zum Essen des

Apfels, der Frucht des fatalen Baums, verführt, nachdem sie selbst davon gegessen hat, wird in Baldungs Gemälde dadurch verdeutlicht, dass Eva den Leib der Schlange mit Vorsicht umgreift. Für diese Auffassung spricht auch das Bild »Baum des Todes und des Lebens« von Berthold Furtmeyr, entsprechend dem Buch Jesus Sirach aus der »Weisheitsliteratur«: »Von einer Frau nahm die Sünde ihren Anfang, ihretwegen müssen wir alle sterben« (vgl. Kap. 2.1). Auf dieser Abbildung »aus dem Salzburger Missale von 1481« steht »Eva als Repräsentantin des Unheils«, verstärkt durch die Gegenüberdarstellung mit »Maria als Symbol der Erlösung«, zwischen beiden ein Baum, der außer lauter Äpfeln auf Evas Seite einen Totenkopf, auf der Seite Marias den gekreuzigten Christus aufweist. Die Botschaft lautet: »Tod durch Eva – Leben durch Maria«, die Christus geboren hat. Als Kontrast zu beiden liegt Adam hinter dem Baumstamm, um den sich die Schlange – zu Eva gewendet – windet und schläft[14].

Wie unbefangen heute Jugendliche mit dem »Sündenfall« umgehen können, zeigt das Wandbild, das Ende des 20. Jahrhunderts im Kunstunterricht einer Bremer Oberstufe entstanden ist:

Nur das erste der vier Tafeln zeigt Adam und Eva nackt und mit grünem Blattwerk vor den Geschlechtsteilen; der Apfel ist auf jedem Bild erhalten, auf dem ersten trägt Eva sogar einen zweiten in der rechten Hand, aber ansonsten durch Küchengeräte ersetzt oder irgendwelche Getränke. Aber nirgends ist eine Schlange zu sehen, im dritten Bild hängt ein weißer Vogel wie leblos am Ast eines kahlen Baums; ansonsten trägt das Paar unterschiedliche und profan anmutende Kleidung; auf jeden Fall zeigt es keinerlei Anzeichen von irgendwelchem Schuldbewusstsein. Stattdessen steht an der Wand hinter dem Punker-Pärchen der damals aufgekommene Slogan »NO Future«.

Oberstufe eines Bremer Gymnasiums:
Adam und Eva (vier Wandtafeln),
Ende des 20. Jahrhunderts

Jan Joest: Die Samariterin am Jakobsbrunnen – Nikolaikirche Kalkar

## 2.3 Crysostomos, Gratian, Thomas und Co.

»Viele Lehren Jesu« schreibt die Historikerin Chaterine Nixey, »(sind) voller Güte und (ergeben) einfach Sinn«.[1]

Aber Jesus war mehr. Obwohl er sich wiederholt auf den Religionsstifter Mose bezog, ignorierte er die zu seiner Zeit geltenden jüdischen Gesetze, wenn sie ihn nicht überzeugten. So heilte er Kranke auch am Sabbath (Joh. 5,1 - 18), er verhinderte die Steinigung einer Ehebrecherin, indem er die umstehenden Männer, die die Steine schon in der Hand hielten, auf ihre eigene Schuld hinwies (Joh. 8,1 - 18), kehrte im Haus eines der verachteten Zöllner ein (Lk. 19,1 - 19) und ließ sich in aller Öffentlichkeit von einer Frau der Samariter, mit denen »Juden keine Gemeinschaft hatten«, Wasser aus einem Brunnen schöpfen. (Joh. 4,7 - 30), wie er sich überhaupt nicht scheute, mit Frauen wie Männern zu reden. Entsprechend findet sich in den Evangelien kein Wort des Revolutionärs zur Rolle Evas beim »Sündenfall«. Entweder wurde es von den Evangelisten nicht aufgegriffen oder Jesus hat die Ansicht, Eva hätte den »Sündenfall« verursacht, nicht geteilt. Sehr wahrscheinlich war letzteres der Fall, denn auf die erste Schöpfungsversion ging er sehr wohl ein. So zitierte er aus Genesis 1, »dass der Schöpfer« den Menschen »am Anfang ... als Mann und als Frau (schuf)« und gesprochen habe: »Darum wird ein Mann Vater und Mutter verlassen und an seiner Frau hängen, und die zwei werden ein Fleisch sein«. Und seine Verurteilung Evas wäre auch nicht nötig gewesen, denn das haben die Theologen, die sich »christlich« nannten bzw. so genannt wurden, gründlichst besorgt.

Zunächst waren es die sogenannten »Kirchenväter«, die vom 2. bis 6. Jahrhundert die Dogmenbildung bestimmten und sich »daher mit aller

Schärfe gegen die Vertreter anderer christlicher, ihnen ketzerisch erscheinender Anschauungen (wandten) ... größtenteils auch gegen das Judentum«,[2] seit dem 12. Jahrhundert übernahm der »Vater des Kirchenrechts«, der ehemalige Mönch Gratian, die Verurteilung der Eva und mit der Gründung der Universitäten seit dem 12. Jahrhundert erhielten Theologieprofessoren ein entsprechendes und nach damaligen Maßstäben internationales Betätigungsfeld. Ihre Wirkung war so anhaltend, dass die Auffassung der Sündhaftigkeit der »Mutter aller, die da leben« (Genesis 3,20) und damit die aller Frauen – zu mentaler Minderwertigkeit mutiert – noch von misogynen Wissenschaftlern des 19. bis 20 Jahrhunderts vertreten wurde.

Die »Kirchenväter« – die meisten wurden vom jeweils amtierenden Papst heiliggesprochen – reichten vom Märtyrer Justinus (gest. 165. Jh.), über den Mailänder Bischof Ambrosius (340–397), der Juden wie christliche Ketzer verfolgen ließ, bis zu Aurelius Augustinus (354–420), dem Bischof der nordafrikanischen Stadt Hippo, auf den die Lehre von der Erbsünde zurückgeht.

Dass die »Väter« nicht nur Juden, sondern auch bedeutende Frauen verfolgten, zeigt vor allem das Beispiel des Bischofs Kyrill (gest. 444. Jh) aus Alexandria. So vertrieb er die Juden aus der Stadt, überließ ihr Vermögen der Menge zur Plünderung und veranlasste die brutale Ermordung der heidnischen Philosophin und Mathematikerin Hypatia (370–415)[3].

## Chrysostomos

Der Kirchenvater« Chrysostomos wird noch in der Brockhaus- Ausgabe von 2006, 21. Auflage, als »einer der bedeutendsten Prediger des christlichen Altertums« bezeichnet.[4] Er wurde um 354 in Antiochia, in der damals römischen Provinz Syrien, geboren und starb 407 im heutigen Anatolien. In der jüngsten Forschung wird er weniger positiv gesehen. Der

Antisemitismushistoriker Achim Bühl hat ihn wegen der Aggressivität seiner Predigten kritisiert[5] und Chatherine Nixey sogar als »Hassprediger« abgetan.[6] Für das krasse Urteil sprechen seine Predigten über Juden (vgl. Kap.1.3), seine Schriften über Männer und Frauen fallen dagegen differenzierter aus. Schließlich handelte es sich bei dieser Hörer- bzw. Leserschaft um die tatsächliche oder anvisierte christliche Klientel. Sein hauptsächlicher Gewährsmann war der Apostel Paulus aus dem 1. Jahrhundert. In seinen Kommentaren zu dessen zahlreichen Briefen an die frühchristlichen Gemeinden wandte er sich zunächst an die Frauen mit der Aufforderung des Paulus: »Ihr Weiber, seid den Männern untertan, wie es sich ziemt im Herrn«[7], dann die Männer: »Ihr Männer, liebet eure Frauen, wie auch Christus die Gemeinde geliebt hat und hat sich selbst für sie hingegeben.«[8] Der Zweck dieser Imperative mutet fast strategisch an: »Erfährt die Frau Liebe, so wird sie anhänglich; findet der Mann Fügsamkeit, so wird er milde«, denn »wie die Liebe des Mannes (ist) ... der Gehorsam der Frau schon in der Natur begründet! ... Wenn nämlich der Regierende das Regierte liebt, dann ist das Ganze festgefügt ... denn des letzteren Sache ist der Gehorsam. Schon der Umstand, dass dem Weibe der Liebreiz, dem Manne die Begierde danach eignet, weist auf nichts anderes hin, als dass diese Einrichtung um der Liebe willen so getroffen wurde«.[9] Dann warnt der Bischof beide Geschlechter vor dem Missbrauch der so beschriebenen »Natur« der Liebe, wobei er, wohl um seinen Worten stärkeren Nachdruck zu verleihen, sie einzeln anspricht: So sagt er zum Mann: »Missbrauche deine Herrschaft nicht, weil das Weib dir untertan ist« und zur Frau: »und du blähe dich nicht auf, weil der Mann dich liebt!«, dann in umgekehrter Reihenfolge: »deswegen hat (Gott) ... dich mit Liebe bedacht, o Weib, damit du die Untertänigkeit leichter ertragest. Unterwirf dich ohne Furcht!« und zum Mann: »Erweise ohne Furcht deinem Weibe alle Liebe!«[10] Aber diese Warnungen scheinen Chrysostomos noch nicht genügt zu haben, denn er lässt – wieder für beide Geschlechter – Schreckensbilder drohenden Fehlverhaltens folgen, vor allem für die Frau: »Du willst schön und geschmückt erscheinen? ... Zieh an die Barmherzigkeit, zieh an die Menschenfreundlichkeit, zieh an die Sittsamkeit, die Bescheidenheit! Das ist wertvoller als Gold. Diese Tugenden statten selbst eine reizende Frau mit noch größerem Reize aus; diese Tugenden verleihen auch einer nicht anmutigen, anmutsvolle Schönheit ... eine böse Frau dagegen kann man nicht schön nennen«. Aus der »Putzsucht«, die »an sich schon von übel ist«, so der Autor weiter, »entstehen« aber noch andere Übel in Menge: falscher Verdacht, sinnlose Verschwendung, Lästerung, Veranlassung zu unerlaubter Gewinnsucht und Sittenlosigkeit, nämlich dann, wenn sie selbst dem eigenen Mann »durch solche Dinge zu gefallen« versucht, »durch welche die feilen Dirnen zu gefallen streben ... Denn wodurch, sage mir, unterscheidet sich die Frau von der Dirne? Dadurch, dass die eine einzig darauf bedacht ist, durch körperliche Reize den Liebhaber an sich zu fesseln, jene dagegen auch dem Hauswesen vorsteht und in Gemeinschaft mit dem Mann die Kinder und alles übrige betreut ... Sei für Deine Tochter ein Muster der Sittsamkeit! Schmücke dich mit dem Schmuck der Seele und sieh zu, dass du den Schmuck des Leibes verachtest! Denn in Wirklichkeit ist nur jenes Schmuck, dieses hingegen Unanständigkeit«.[11] Aber dann nimmt sich der Bischof auch den Mann vor. Er soll nicht zu »Huren« gehen bzw. »das Meer der Hölle ... fliehen ... den Strom des Feuers«, d.h. vor allem »das Schwimmbad im Theater ... wo diese schwimmenden Weiber alle ihre Zuschauer (im Sumpf der Lust) ersticken«. Es gäbe zwar Männer, von deren »Vergehungen ... die Frauen frei sind. So z.B. Mord, Grabschändung, Auftreten als Tierkämpfer und vieles andere dergleichen«,[12] aber – trotz dieser Mängel habe der Mann nicht nur die Pflicht, sondern das Recht, die Frauen von ihren geringfügigeren zu befreien, nicht umgekehrt. Zu diesem Zweck empfiehlt er dem Mann eine Pädagogik, die ebenso raffiniert wie modern anmutet: so werde er nichts erreichen, wenn er sie »zwingen« wolle, »(sich) gleich von Anfang an ... in allen Stücken zu bessern ... Nimm ihr also nicht gleich ihren Goldschmuck weg«; er »halte das nämlich für weniger schlimm als Puder und Schminke«. Diese Mittel solle er ihr »zuerst« wegnehmen, »aber ... nicht durch Furcht und Drohung, sondern durch gütiges Zureden« und »indem du den Fehler an anderen tadelst ... Auch rede niemals von der Hölle oder vom Himmel; das wären verlorene Worte; mache ihr vielmehr begreiflich, dass sie dir mehr Freude bereitet, wenn sie das Werk Gottes so zeigt, wie es von Natur aus ist ... Zuerst suche also die Krankheit durch Vernunftgründe ... zu beseitigen. Hast du sie dann mit solchen Reden mürbe gemacht, dann komm auch mit den anderen Gründen ... ja, werde nicht müde, sie immer wieder mit den gleichen Reden zu bearbeiten«, aber »tue es mit Milde und Liebe ... So wirst du langsam dem Bilde deiner Frau die richtige Form geben«.[13]

Der Heilige Johannes Chrysostomus, Mosaik in der Hagia Sophia

Hintergrund dieser Worte »von Mann zu Mann« ist die »Weisung des Hl. Paulus«, nach der der Mann »der Lehrer« der Frau sein soll, da sie ihm ja »um Gottes Willen« untertan ist.[14] Wenn aber »die rechte Ordnung ... verkehrt worden ist, der Leib oben, das Haupt unten sich befindet«, d.h. die Frau das Sagen hat und nicht der Mann - dann gehe das letztendlich darauf zurück, dass »Eva ... das Kleid der Sünde angezogen, d.h. den Sündenfall verursacht habe«.[15] Dass diese ihre »Sünde« dann mit Sexualität und all ihren Begleiterscheinungen gleichgesetzt wird bzw. wurde, sagt Chrysostomos zwar nicht direkt; aber im Grunde vertritt er hier die Erbsündenlehre seines Zeitgenossen Aurelius Augustinus. Danach ist zwar Adam Träger der

Erbsünde, denn er hat »die Sünde durch den männlichen Samen« in die Welt gebracht, »die Schuld für die erste Sünde wird jedoch der Frau angelastet«, denn »die Frau ... ist die Verführerin ..., also die Hauptschuldige, denn durch sie ist die Begehrlichkeit in die Welt gekommen«, voluptas/concupiscentia (Wollust, sexuelle Lust, Begierde)«[16]. Von daher erklärt sich die Energie, mit der Chrysostomos gegen eine an sich so harmlose Schwäche wie weibliche Äußerlichkeit zu Felde zieht, denn sie ist nach Chrysostomos letztendlich der Auswuchs der Sünde Evas.

## Gratian

Der italienische Mönch Gratian wurde gegen Ende des 11. Jahrhunderts in Chiusi geboren und starb vor 1160 in Bologna.

Ansonsten ist über sein Leben nichts Genaueres bekannt, außer dass er in der neu gegründeten Rechtsschule von Bologna Kanonisches Recht lehrte. Es ist nicht einmal sicher, ob »Johannes« sein Vorname und ob er Kamaldulenser oder Benediktinermönch war. Umso bekannter ist sein Standardwerk, das sogenannte »Decretum Gratiani«, das die für das Kirchenrecht entscheidenden Quellen enthielt, allgemeine Rechtsfragen erörterte und in einem dritten Teil die »kirchlichen Heiligendienste« darstellte, d.h. die Kirchen-und Altarweihe, die Eucharistie bzw. die Kommunion, durch die junge Katholiken in die katholische Gemeinschaft aufgenommen werden. Dabei befasste er sich auch ausführlich mit der Stellung der Frau. Natürlich griff er bei letzterem auf die alttestamentarische Schöpfungsgeschichte zurück, genauer Genesis 2 und 3; und ebenso natürlich berief er sich dabei auf deren patriarchalische Rezeption, zunächst durch den Apostel Paulus, dann die »Kirchenväter« von Chrysostomos über Augustinus bis zu Hieronymus, dem Übersetzer der Bibel aus dem Griechischem ins Lateinische, »Vulgata«, die für das ganze Mittelalter maßgeblich war.

In Bezug auf Paulus ignorierte Gratian geflissentlich die beiden Sätze aus dessen Brief an die Gemeinden in Galatien, einer römischen Provinz in Kleinasien: »Hier ist nicht Jude noch Grieche, hier ist nicht Sklave noch Freier, hier ist nicht Mann noch Frau, denn ihr seid allesamt einer in Jesus Christus« (Galater 3,28). Umso ausführlicher ging er auf die angeblich sündige Eva ein, die im Zentrum der augustinischen Lehre von der Erbsünde steht. Danach ist zwar Adam der Träger der Erbsünde, aber Eva habe ihn, indem sie ihm den Apfel vom Baum der Erkenntnis des Guten und des Bösen reichte, zur Erbsünde verführt. Die Folge ihrer Untat sei nicht nur ihre Unterordnung unter dem Mann, sondern ihr »status subiectionis« auch im gesellschaftlichen Bereich. So begründete Gratian mit Evas Sünde den Ausschluss aller Frauen von allen kirchlichen Ämtern, von dem eines Bischofs über das des Priesters bis hin zum Messdienst. Noch im 21. Jahrhundert konnten Mädchen selbst aus den Jungen vorbehaltenen Domchören ausgeschlossen werden.[17] Frauen hätten zwar nach dem Alten Testament so wichtige Ämter wie die von Richtern ausgeübt, z.B. die Richterin Deborah (Das Buch der Richter 4,4-16; 5,1-31), aber im Alten Bund war vieles erlaubt, was heute (d.h. im Neuen Bund) durch die Vollkommenheit der Gnade abgeschafft ist ... und wegen der Sünde, die die Frau in die Welt brachte, sei ihr »vom Apostel geboten, sich scheuer Zurückhaltung zu befleißigen, dem Mann untertan zu sein und sich zum Zeichen der Unterwerfung zu verschleiern«.[18] Erst seit den 1970er Jahren wagten mutige Katholikinnen, gegen diese Diskriminierung zu protestieren, zunächst Theologinnen wie Ida

Der italienische Mönch Gratian

Raming, Helen Schüngel-Straumann oder Elisabeth Gössmann mit wissenschaftlichen Arbeiten, dann die sechs Frauen, die sich von freikatholischen Bischöfen zu Priesterinnen weihen ließen, worauf sie allerdings sofort exkommuniziert wurden.[19]

Eine weitere Form des Protestes war die Bewegung »Maria 2.0«. Sie entstand Anfang 2019 in Münster und wurde nach »Schätzungen von Frauenverbänden« von »drei Viertel (n) der deutschen Katholikinnen« unterstützt. »Das sind neun Millionen Frauen«. Anlass war der »bigotte Umgang des Klerus mit den Missbrauchsskandalen«, nach dem die Frauen die »strafrechtliche Verfolgung von Missbrauchstätern und Vertuschern« forderten und außerdem »Weiheämter auch für Frauen! Demokratisierung der Kirche! ... Aufhebung des Pflichtzölibats«! und »eine kirchliche Sexualmoral, die zur Lebenswirklichkeit der Menschen passt.[20] Eine erfrischende Pointe lieferte die Kölner Komikerin Carolin Kebekus, nach dem sie aus der katholischen Kirche ausgetreten war, sagte sie: Wenn die erste Päpstin gewählt wird, »bin ich wieder dabei«![21]

## Thomas

Wie Gratian, kam Thomas – genannt Thomas von Aquin – aus Italien, hatte aber einen aristokratischen und dramatischeren biografischen Hintergrund.

Er wurde 1225 im Schloss Roccasecca als siebtes Kind einer neapolitanischen Grafenfamilie geboren und mit fünf Jahren in das renommierte Kloster Montecassino geschickt. Nach dem Studium in der Universität Neapel trat er gegen den Willen seiner Eltern bei den als Bettelorden gegründeten Dominikanern ein. Im Auftrag seiner Mutter wurde er von seinen Brüdern überfallen und nach Roccasecca zurückgebracht, wo man ihn bis zum Herbst 1245 festhielt. Als er aber auf seinem Entschluss beharrte,

Dominikaner zu bleiben, ließ die Familie ihn schließlich in deren Konvent in Neapel zurückkehren.

Thomas von Aquin, Kopie (15. Jh.) von Justus von Gent nach einem Porträt in S. Maria della Vittoria, Rom

Während Chrysostomos in der Zeit kirchlicher Dogmenbildung wirkte, Gratian die Grundlage für das kanonische Recht schuf, wurde Thomas Magister der Theologie an den seit dem 12. Jahrhundert entstehenden Universitäten in Paris, Köln, dann wieder Paris und schließlich in Neapel, wo er als »Magister« den damals höchsten akademischen Grad einer Fakultät erreichte. Wohl auch deshalb wurde er nach seinem Tod vom Papst Johannes XXII. 1323 heiliggesprochen und 1567 in den Rang eines Kirchenlehrers erhoben.

Entscheidend und neu war seine Verbindung von Glauben und Wissenschaft. Den Glauben begründete er vorwiegend mit den Lehren des Apostels Paulus und denen der »Kirchenvaters« Aurelius Augustinus; bei der Wissenschaft bzw. bei dem, was man damals darunter verstand, bezog er sich auf die aristotelische Logik. Dieser Bezug kam darin zum Ausdruck, dass der »Aquinate« die Dogmenlehre in Form des klassischen Syllogismus zum Ausdruck brachte. So begründete er das bis dahin nur geglaubte Dogma von der »Jungfrauengeburt« Christi wie folgt: »Alle vom Weibe Empfangenen werden irgendwie unrein ... Nun durfte es aber in Christus keinerlei Unreinheit geben; denn Er ist Gottes Weisheit ... Also scheint es, dass er nicht aus einem Weibe hätte Fleisch hätte nehmen sollen ...!«[22] Oder: »Ähnlichkeit gehört zur Bewandtnis des Bildes ... durch die Sünde wird der Mensch Gott unähnlich. Also verliert er die Gottesebenbildlichkeit«.[23]

Natürlich befasste sich Thomas auch mit der Schöpfungsgeschichte und der Bedeutung Evas und der »Sünde«. Nach ihm ist ihre Unterordnung unter Adam, von der der Apostel Paulus so vehement gesprochen hat, nicht nur Folge des angeblich von ihr verschuldeten Sündenfalls, sondern begann schon im Paradies. Denn, wie er in seinem Hauptwerk, der »Summa Theologica«, schreibt, ist »naturaliter femina subjecto ... viro, quia naturaliter in homine magis abundat discretio rationis (S.th. Iq 92a. I ad 2)«, was nach der Theologin Elisabeth Gössmann, die »in homine« übersetzt »im Mann«, heißt: »Von Natur aus ist die Frau dem Mann untergeben, weil von Natur aus im Menschen (Mann) die Unterscheidungskraft der Vernunft überwiegt«.[24] Vor dem Hintergrund dieser weiblichen Unterlegenheit schon im Paradies sei es nur folgerichtig, »dass die Frau als die Schwächere von der Schlange angegangen« worden sei[25] und nicht Adam, dem gegenüber Gott das Verbot ausgesprochen hat. Es kam also nicht erst durch den Sündenfall Evas zu der Frau »status subjectionis« bzw. Unterworfenheit, sondern zu dessen Verschärfung. »So ergibt sich bei Thomas eine doppelte Überlegenheit des Mannes: einmal eine schöpfungsmäßige für den Urstand, die auch ohne die Sünde vorhanden wäre; dann eine zweite ... durch Evas Sünde. Aus dieser zweifachen Unterordnung der Frau sei es zu erklären, dass alle ihre Beziehungen zum Leben der überfamiliären Gesellschaft durch den Mann vermittelt sind«,[26] vor allem auch ihre kirchliche Amtsunfähigkeit, von der schon Gratian ausgegangen war.

Die »Verwissenschaftlichung« des Dogmenglaubens – hier an Evas Sündhaftigkeit – war so wirkungsvoll, dass sich die Unterlegenheit Evas – zu intellektueller Unfähigkeit der Frau mutiert – noch zu Beginn des 20. Jahrhundert halten konnte. Nicht ohne Grund erreichten Werke wie die des Psychologen Otto Weininger (1880–1903), dessen 600-seitiges Buch »Geschlecht und Charakter« (1903) Frauen jede Denkfähigkeit absprach, oder das des Neurologen Paul Julius Möbius (1853–1907) »Über den physiologischen Schwachsinn des Weibes« (1900) höchste Auflagen.

## 2.4
## »Hexenhammer« und Hexenprozesse

Wie der Antisemitismus im christlichen Abendland wurde auch der Glaube an Hexen katholischerseits betrieben; und wie das Protokoll der Wannseekonferenz vom 20. Januar 1942 für die Vernichtung europäischer Juden - wurde der »Hexenhammer« von 1486 zum Handbuch für die Ermordung unzähliger Frauen. Eine weitere Parallele besteht darin, dass beide Dokumente lange Zeit unbekannt blieben: das Wannseeprotokoll, weil es den Stempel »Geheime Reichssache« trug, der »Hexenhammer«, weil er erst 1906 aus dem Lateinischen ins Deutsche übersetzt vorlag.

### Der Verfasser

Als Verfasser des »noch heute berüchtigte(n) Hauptwerk(es) der Dämonologie«[1] gelten der Dominikanermönch Heinrich Institoris und sein »Kollege« Jakob Sprenger.[2] Auch in der Bulle »Summis desiderantes affectibus« des Papstes Innozenz VIII., mit der - am 9.12.1484 verabschiedet - »die Notwendigkeit der Hexeninquisition in Deutschland autorisiert« wurde,[3] werden die beiden Predigtbrüder als Verfasser genannt.

Tatsächlich aber scheint nur Heinrich Institoris bzw. Kramer (Autoren pflegten seit dem 15./16. Jahrhundert ihre Nachnamen zu latinisieren oder auch zu gräcisieren, um sich selbst den tatsächlichen oder angeblichen Anschein besonderer Gelehrsamkeit zu geben) für den »Hexenhammer« verantwortlich gewesen zu sein, denn er war es, der - kurz vorher - zum »Inquisitor für sämtliche Diözesen Deutschlands« ernannt worden war und seit 1480 nicht nur Hexen, sondern auch Juden, Waldenser, Hussiten und andere vom Katholischen Glauben Abtrünnige verfolgte.[4] Und er war es auch, der, als er bei seinen Verfolgungen in Süddeutschland auf »anhaltenden Widerstand« stieß, sich entschloss, nach Rom zum Papst zu reisen, um sich von dort Unterstützung zu holen. Das Ergebnis war die bereits erwähnte päpstliche Bulle, durch die Kramer die »Blankovollmacht« für die »Hexeninquisition in Deutschland« erhielt und gleichzeitig: zum »päpstlichen Beauftragten« ernannt wurde.[5]

## Die Bulle des Papst Innozenz VIII.

Darüber hinaus hatte der Papst seinen »ehrenwerten Bruder, den Erzbischof von Straßburg« gebeten, »dass er selbst, ein anderer oder andere dies ... feierlich verkünde und dass er nicht erlaube«, dass die Inquisitoren »in ihrer Arbeit behindert werden«,[6] denn – so der Papst in seiner Bulle – »Kürzlich ist in unser sicheres Wissen gelangt, was uns mit großem Schmerz erfüllt, dass in einigen Teilen Oberdeutschlands, in den Provinzen und Diözesen von Mainz, Köln, Trier, Salzburg und Bremen eine gewisse Zahl von Personen beiderlei Geschlechts, die sich vom katholischen Glauben entfernen, sich in Inkuben und Sukkuben«, dh. männlichen und weiblichen Teufeln, »hingeben«. »Im Hexenhammer« werden die »Incubi und Succubi« folgendermaßen unterschieden: »den Incubi unterwerfen sich Frauen«, und zwar »freiwillig ... wie die Hexen es tun; weil man bezüglich der Succubi bei Männern eine freiwillige Ausführung nicht in dem Maße findet, da sie infolge der natürlichen Kraft der Vernunft, um welche die Männer die Frauen überragen, vor derartigem mehr zurückschaudern«.[7] »Durch Zaubereien, Hexereien, Verbrechen und infame Akte zerstören sie die Frucht im Leibe der Frauen, des Viehs und anderer Tiere verschiedener Arten; sie zerstören die Ernten, die Weinberge, die Gärten, die Wiesen und

Albrecht Dürer: Die Hexe (rückwärts auf einem Ziegenbock reitend), um 1500

Weiden, das Korn und andere Pflanzen und Gemüse der Erde. Sie quälen und foltern mit Schmerzen und schrecklichen Übeln Männer, Frauen und Vieh, Herden und andere Tiere; sie verhindern, dass Männer zeugen können und die Frauen empfangen, und dass die Ehemänner ihre ehelichen Pflichten mit ihren Frauen und die Frauen mit ihren Männern erfüllen. Mit frevlerischem Mut schwören sie dem Glauben ab, den sie in der heiligen Taufe empfangen haben; sie unterlassen es nicht, auf Anstiftung des Feindes des menschlichen Geschlechts viele andere Exzesse und verabscheuungswürdige Verbrechen zu begehen, wobei sie ihre Seele gefährden, sich über die göttliche Majestät lustig machen und einen gefährlichen Skandal hervorrufen«.[8]

## Entstehung des »Hexenhammer«

Der frisch ernannte Inquisitor des Papstes begann bereits auf seiner Rückreise 1485 damit, wieder aktiv zu werden, und zwar in der Tiroler Hauptstadt Innsbruck. Aber der »brutale Zwang, mit dem er seine Prozesse führte, »der unmäßige Einsatz der Folter«, die »Verweigerung und systematische Verdrehung der Aussagen der verhörten Frauen« lösten massiven Widerstand aus. »Bürgerschaft und Geistlichkeit der Stadt, der Tiroler Adel und der zuständige Bischof der Diözese Brixen sahen sich zum Einschreiten gezwungen. Bischof Georg Golser bezeichnete nach gründlicher Untersuchung den Hexenjäger als eine Person, die wegen hohen Alters, ganz kindisch geworden sei und forderte den Inquisitor zum Verlassen der Diözese auf«.[9] Daraufhin erfasste der aus dem Elsass stammende Kramer seinen »Hexenhammer« bzw. »Malleus maleficarum«. Da das Machwerk, das aus drei umfangreichen Teilen bestand, bereits 1486 im Druck vorlag, muss es in ungewöhnlicher Eile entstanden sein, außerdem war sein Verfasser der Erste, der unter Hexen nicht mehr beide Geschlechter, sondern vorzugsweise Frauen verstand, wie schon der lateinische Untertitel »Malleus malefic a r u m«, nicht malefic o r u m, zeigte, wobei er als »maleficiae ... insbesonders Hebammen als Hexen (brandmarkte)«.[10]

Inwieweit die Gleichsetzung von Hexen und Frauen zum rapiden Anstieg der Prozesse beigetragen hat - er begann in Deutschland mit dem ausgehenden 15. Jahrhundert - muss offen bleiben. Jedenfalls wurden seit dieser Zeit Hexenprozesse vorwiegend gegen Frauen geführt; in Europa machten sie - auf dem Höhepunkt der Prozesse »75 - 80%« der Opfer aus.[11]

## Die »Hexen«

Die Angeklagten der von Männern geführten Prozesse kamen aus allen Bereichen der Gesellschaft. Beliebte »Hexen« waren allerdings die wenigen reichen Frauen, denn »Ankläger und Richter ... wussten, dass eine erfolgreiche strafrechtliche Verfolgung die Beschlagnahmung eines Teils oder des gesamten Hab und Guts der Verurteilten einschließlich ihrer Tiere und ihres Landbesitzes bedeutete ... Quellenmaterial ... hat an den Tag gebracht, dass eine signifikante Minderheit von Beschuldigten Erbinnen oder Frauen mit großem Vermögen waren«. So wurden »in Würzburg ... 1629 Besitztümer im Gesamtwert von mehr als 100.000 Gulden aus dem Eigentum von Hexen beschlagnahmt«.[12]

Die Gerichtsverfahren richteten sich nach der jeweiligen lokalen Rechtsprechung, fielen also unterschiedlich aus. Erst die »Peinliche Halsgerichtsordnung«, die »Carolina«, die 1532 von Kaiser Karl V. erlassen worden war, »stellte so etwas wie eine Rechtsordnung dar«, die im gesamten Heiligen Römischen Reich deutscher Nation galt. Danach durfte die Folter nur bei erwiesenem »Schadenszauber« angewandt werden, die Verurteilung setzte ein Geständnis voraus. Die Hinrichtung, »mit dem feur« galt als gerecht.[13] Ein Beispiel für die Befragung bzw. Verhöre enthalten die Ratsakten der bayerischen Stadt Kelheim, nach denen bezeichnenderweise durchgängig eine »sie« inquiriert wurde. Das »Fragestück, auf alle Artikel, in welchen die Hexen und Unholden auf das Allerbequemste mögen examiniert werden«, nennt in elf römisch nummerierten Teilen Fragen, die zuerst nach dem »Bekenntnis« gestellt werden, dann nach zehn Arten von »Übeltaten«, vom »Gottesraub« über das »Ausfahren«, dh. Hexentreffen, das »Kinder ausgraben«, »Wetter, Reiffen und Nebel machen« usw. bis zur »Unzucht mit dem Teufel« und schließlich »Zwietracht zwischen Verheirateten«.[14]

Die Verdächtigten verhielten sich unterschiedlich. Es gab Fälle von kaum glaublichem Widerstand. So schaffte es noch 1747 eine Magdalena Bollmann, obwohl der Henker alle Methoden der Folterung anwandte – von Daumenschrauben, Seilzug, Qualen auf dem »Bock«, Folterbank und Stechen in die Genitalien – auch nach zehn Wochen, nicht zu gestehen. Als sie schließlich halbtot aus der Folterkammer zurück in ihre Zelle geschleift worden war, fand man sie am selben Tage um 14.30 Uhr tot auf ... « Man vergrub die Asche unter dem Galgen, dem ehrlosesten Ort für ein Begräbnis, den man sich vorstellen konnte«.[15]

Maria Holl aus »der bayrischen Stadt Nördlingen hielt 62 Folterungen durch«, um keine Namen anderer Frauen zu nennen. »Weitere 17 Frauen widerstanden der Folter und überzeugten auf diese Weise offenbar die Verfolger von ihrer Unschuld«,[16] was ungewöhnlich war, denn normalerweise wurde eine derartige Widerständigkeit als Beweis dafür genommen, dass der Teufel der »Hexe« geholfen haben musste. Jedenfalls wurden die 17 Frauen – anders als Magdalena Bollmann und Maria Holl – freigelassen und die Hexenjagd in Nördlingen hörte auf.

Doch die meisten Opfer – wie die Witwe Gertrauta Conrad aus dem Dorf Oberwittighausen – hielten die ihnen zugefügten Qualen nicht lange durch und gestanden alles, was man von ihnen erwartete. So gab die Witwe schließlich zu, dass der Teufel »in schwarzem Hut mit einem schwarzen Federbusch zu In bey Tag uf Iren Wiss komen«. Er habe sie aufgefordert,

Francesco Maria Guazzo: Compendium maleficarum, Mailand 1626 (Holzschnitt): Zwei Hexen, die ein Kind braten; im Hintergrund wird ein Kind im Suppentopf gegart

ihm zu Willen zu sein, und sie habe eingewilligt, das erste Mal in ihrer Kammer, das zweite Mal in einer Ecke ihrer Küche. Sein Glied sei kalt gewesen. Er habe ihr 15 Schilling, einen halben Batzen und drei Kreuzer gegeben, die sie in der Ecke in einem alten Butterfass aufbewahrt habe, ihre Mägde wussten aber nichts davon«.[17]

## Der Hexenglaube

Es gab sogar Frauen, die selber glaubten, Hexen zu sein. Sie waren »imstande ... das Hexenverfahren als göttliches Geschehen aufzufassen«

und »versuchten, das Leiden, das ihnen zugefügt wurde, als Imitatio Christi zu begreifen, weil sie glaubten, den Leidensweg Christi zu teilen.«[18] Es konnte so weit kommen, dass sie Richter und Henker »für ihre Strenge lobten«, denn sie wären durch die erlittenen Qualen vor den sehr viel schlimmeren des Höllenfeuers bewahrt worden. Die Würzburgerin Walpurg Stainbach »reichte ... am Ende des Verhörs«, das 1603 stattfand, »dem Scharfrichter die Hand und verzieh ihm die Schmerzen, die er ihr zugefügt hatte. Er habe richtig gehandelt, da sie so verstockt gewesen sei und nichts habe zugeben wollen ... Reaktionen wie diese ... bestärkten die Richter in ihrem Glauben, dass Folter nicht nur gerechtfertigt war, sondern der Hexe ... zur Befreiung aus den Fängen des Teufels verhalf«.[19] Diese grotesk anmutende Denkweise ist offenbar nur damit zu erklären, dass, wie der Übersetzer des »Hexenhammer« in seinem Vorwort schreibt, sich »die Idee des Teufels- und Hexenglaubens ... durch viele, viele Jahrhunderte hindurch entwickelt hat«.[20] Außerdem war Kramers »Hexenhammer« nicht das einzige Produkt der Dämonologie, allerdings mit seinen 29 Auflagen dasjenige, das am verbreitesten war. Die Wirkung dieser Werke kam vor allen in den Zeiten der Missernten, Klimakatastrophen und Kriege, wie dem Dreißigjährigen Krieg (1618 – 1648), zum Tragen. Auch Protestanten, die Magie und Zauberei eigentlich als katholischen Aberglauben abtaten, waren von der Überzeugung, dass es »Hexen« gäbe, nicht frei. Selbst Martin Luther, der 1540 die Hinrichtung von vier Frauen in Wittenberg miterlebt oder doch davon erfahren haben muss, scheint die klassischen zu Invektiven vertreten zu haben, mit denen als Hexen verdächtigte Frauen versehen wurden. Jedenfalls schrieb er in seinem »Evangelium am Tage der heiligen drei Könige«: »Item die Hexen, das sind die boßen teuffelshuren, die da milch stelen, wetter machen, auf böck und beßen reytten, auff mentel faren ... glidmaß betzaubern« (d.i.«verdorren«) und desgleychen ... «[21]

J.W.R. Schmidt, der Übersetzer des »Hexenhammer«, hat deshalb wohl auch in seinem 48-seitigen Vorwort versucht, das Entsetzen heutiger Leser,

Aus den Ratsakten in Kelheim
Absoluta Generalia circa Confessionem veneficarum
Fragestück, auf alle Artikel, in welchen die Hexen und Unholden auf das Allerbequemste mögen examiniert werden (Auszug)

I
Betreff des Bekenntnisses

- Warum sie vermeint, das sie hierher geführet worden ?
- Wie lange es denn her sei, das sie in dieses hochverdammte Laster der Hexerei geraten ?
- In was Gestalten anfangs der leidige Teufel zu ihr gekommen war, item (d.h.) zu Morgen, Mittag, abends oder nachts ?
- Was er hernach an sie begehrt, und warum sie eingewilligt habe ?
- Ob sie schreiben oder lesen könne, und ob sie sich dem Teufel verschrieben habe ?
- Ob er sie anders getauft und wer sonst dabei gewesen, wie sie ihren Buhlteufel und herentwegen sie geheißen habe ?
- Was der Teufel über sie abgegossen und woher ers genommen ?

II
Betreff Übeltaten

- Was sie mit ihrem teuflischen Pulver und Salben für Leut und Vieh umgebracht, wie lange dies her sei und warum sie es getan ?
- Wer dazu geholfen ?

III
Gottesraub

- Was sie der heiligen Hostie für Unehr angetan und wie oft dieselben aus dem Mund genommen ?
- Was sie unserem lieben Herrn, der heiligen hochgelobten Jungfrau Maria und anderen Heiligen Gottes für spöttische Nachnamen gegeben, und aus was für Ursachen ?
- Was sie anstatt des Gebetes für gewisse Worte gepeppert ?

IV
Betreff Ausfahren

- Wie oft sie ausgefahren ?
- Was sie vor dem Ausfahren für Wort gesprochen ?
- An welche Örter sie gekommen, wie sie heißen ?
- Was für Speisen vor der Hand gewesen ?
- Ob sie auch Brot und Salz gesehen ?
- Wie lang die Mahlzeit währe und wieviel Leut vorhanden sein, sonderlich bei einer großen Versammlung ?
- Wenn ein Tanz gewesen, was für Spielleut sie gehabt ?
- Ob man auch in der Ordnung herumtanze ?
- Ob nit einer vor der Hand seie, dem man Ehrerbietung geweisen müsse, und was Gestalten ? Item ob er sitze oder stehe, und wie er bekleidet, auch wer er seie ?
- Ob sie von den Essenden Speisen niemals etwas eingeschoben, und was ? Item wie ihr die Speisen draußen geschmeckt haben, ob sie in Kleidern oder nackend ausgefahren ?
- Wie sie die Sachen angegangen, daß 'ihr Ehemann inzwischen nicht erwacht ist ' ?

V
Kinder ausgraben

- Wie offt sie zur nacht und auf was Friedhofen kommen und die Kinder ausgraben helfen ?
- Was sie mit dem Kind getan, ob sie es kocht, was Gestalten, gesotten oder gebraten, und wo sie es verzehrt haben, wer den Verzehren beigewohnt, ob es ihnen wohlgeschmeckt habe ?
- Zu was sie daraus gemachte Materialie gebraucht und verwendet habe ?

VI
Wetter, Reiffen und Nebel machen

- Wieviel Wetter sie gemacht, wo sie es gemacht und wer dazu geholfen ?
- Ob bald dergleichen Wetter erfolgt und was für Schäden erfolgt seien ? Item warum sie es gemacht und gestiftet ?
- Ingleichen, wieviel Reiffen und Nebel sie gemacht, was sie dazu gebraucht, und was Schaden erfolgt sei.

VII
Genossen der Sünde

- Was sie denn für Leut bei den teuflischen Zusammenkünften gesehen und wie sie geheißen ?
- Wie oft sie es gesehen und an welchen Orten ?
- Ob sie ihr darauf als einer rechten Wahrheit getraue zu leben und zu sterben ?
- Ob sie ein solches, wann es vonnöten wäre, diesen Personen wollte in das Gesicht sagen ?

VIII
Anbetung des Teufels

- Wie oft der Teufel außer den Hexentänzen daheim oder anderer Orten zu ihr gekommen ?
- Um welche Zeit im Jahr ?
- Ob er gesessen oder gestanden, wie sie den Teufel angebetet und wie sie ihn erkannt ?
- Ob sie ihn für ihren Gott angebetet und wenn sie sonst gebetet, wem sie solches Gebet zugeeignet ?

IX
Unzucht

- Wie oft der Teufel im Jahr außer den Hexentänzen mit ihr Unzucht getrieben, an welchem Ort, im Haus oder sonsten ?
- Wie sie ihn empfunden ?
- Ob er still oder laut geredet ?

X
Unheilbare Krankheiten

- Wie sie Leuten Krankheit zugesiegt, daß sie nit wieder gesund sondern noch kranker und ihnen niemand helfen könnt ?

XI
Zwietracht zwischen den Verheirateten

- Und in wieviel Eheleuten sie Uneinigkeit gemacht, daß sie einander gerauft und geschlagen oder gar nit mehr beisammen bleiben konnten ?

Fragestück auf alle Artikel, in welchen die Hexen und Unholden auf das Allerbequemste mögen examiniert werden (Auszug aus den Ratsakten der Stadt Kellheim) Aus: lose Blattsammlung, o.J., o.D.

vor allem Leserinnen, über Kramers Machwerk durch historische Einordnung seines dämonologischen Inhalt zu relativieren. Er sei »nach wie vor überzeugt« gewesen, dass »man im allgemeinen über ... seinen Inhalt zu hart, vor allen Dingen zu einseitig geurteilt hat. Indem man es für gewöhnlich verschmähte, der Entwicklung der Idee des Teufels- und Hexenglaubens ... durch viele, viele Jahrhunderte hindurch nachzuspüren, gelangte man zu schnell zur bedingungslosen Verurteilung des Hexenhammers ...«.[22]

## Der »Hexenhammer« oder Eva – die erste Hexe

Der »Malleus maleficarum« besteht aus drei umfangreichen Teilen. Im ersten geht es um das Personal, »was sich bei der Zauberei zusammen findet: 1. Der Teufel 2. Der Hexer oder die Hexe« und »3. Die göttliche Zulassung«.[23] Der zweite Teil behandelt« die verschiedenen Arten und Wirkungen der Hexerei und wie solche wieder behoben werden können«,[24] und der dritte »... die Arten der Ausrottung oder wenigstens Bestrafung durch die gebührende Gerechtigkeit vor dem geistlichen und weltlichen Gericht«.[25]

Mit dem Beginn des ersten Teils reagierte der Verfasser offensichtlich auf die Erfahrung, die er vor und nach der Papstreise mit Gegnern des Hexenglaubens gemacht hatte, indem er seitenweise deren Ansichten zu widerlegen sucht. Sie würden »behaupten ..., es gebe auf Erden keine Zauberei; sie lebe nur in der Vorstellung der Menschen, die natürliche Erscheinungen, deren Ursachen verborgen sind, den Hexen zuschrieben ... andere behaupten, die Hexenkünste seien überhaupt Phantasien und Einbildung«.[26] Zum Beweis seiner gegenteiligen Überzeugung zitiert Institoris bzw. Kramer aus der Bibel (2. Mose 22,17): »Eine Zauberin sollst Du nicht am Leben lassen«, aus den Briefen des Apostel Paulus, der »Weisheitsliteratur« (vgl. Kapitel 2.1), weiter aus den Schriften der Kirchenväter und der führenden

Hexenverbrennung 1587,
dargestellt in einem Flugblatt aus dem 16. Jahrhundert

Theologen des Mittelalters, wie Albertus Magnus und Thomas von Aquin (vgl. Kapitel 2.1). Dabei durchsetzt Kramer seine Ausführungen mit Zitaten aus den Werken des griechischen Philosophen Aristoteles (384 – 322 v. Chr.) – im ersten Teil allein 26 Mal – wie er auch versucht, nach den logischen Operationen der Scholastiker zu verfahren, um seinem Werk den Anschein der Wissenschaftlichkeit zu geben.

Danach schreibt Kramer den »Weiber (n)«, die »vor den andern sich als abergläubisch und mit Hexerei besudelt erweisen … drei Hauptlaster« zu, »nämlich Ungläubigkeit, Ehrgeiz und Üppigkeit … Ferner, weil unter diesen drei das letzte am meisten vorherrscht, darum weil es (nach dem P r e d i g e r) unersättlich ist etc … als da sind Ehebrecherinnen, Huren und Konkubinen der Großen: und zwar aus siebenfacher Hexerei, wie in der Bulle (S u m m i s d e s i d e r a n t e s) berührt wird«.[27] Aber letztendlich werden die Hexerei und alle aus ihr folgenden Übel auf den biblischen »Sündenfall« zurückgeführt, denn er sei »wegen der ersten Sünderin, nämlich Eva und ihrer Nachahmerinnen«, verursacht worden.[28] Und damit niemand auf die Idee kommen könnte, in Adam den ersten Sünder zu sehen, weist Kramer – in Anspielung auf die Erbsündenlehre des Aurelius Augustinus (354 – 430) – darauf hin, dass der Teufel Eva in Gestalt der Schlange erschienen sei, »die das erste Werkzeug des Teufels« sei,[29] Evas Verantwortung für den »Sündenfall« werde auch daran deutlich, »daß sie der Schlange auf ihre Frage, warum sie nicht von jedem Baum des Paradieses äßen? (sagte): ›Wir essen von jedem, nur nicht etc.; damit wir nicht e t w a sterben‹«. Damit habe sie gezeigt, »daß sie zweifle und keinen Glauben habe an die Worte Gottes, was auch die Etymologie des Wortes sagt: das Wort f e m i na nämlich kommt von f e und m i n u s (fe = fides, Glaube, minus = weniger, also femina = die weniger Glauben hat), weil sie immer geringeren Glauben hat und bewahrt, und zwar aus ihrer natürlichen Anlage zur Leichtgläubigkeit … Also schlecht ist das Weib von Natur, da es schneller am Glauben zweifelt, auch schneller den Glauben ableugnet, was die Grundlage für die Hexerei ist.«[30]

## Die »Cautio criminalis« des Friedrich von Spee

Mit der Bulle Papst Innozenz VIII. war die Hexenverfolgung gewissermaßen hoffähig geworden. Erst mit der »Spaltung der Kirche und der Entstehung evangelischer Landeskirchen war einer päpstlichen Inquisition nördlich der Alpen der Boden entzogen«. Die Folge war die Zunahme der Kritik protestantischer wie katholischer Autoren an der »papistischen Zauberei«.[31] Zunächst richteten sie sich gegen die Willkür der jeweiligen Prozessführung und der damit verbundenen Grausamkeiten der Verhöre, schließlich auch gegen den Glauben der Existenz von Hexen überhaupt, wobei die Gegner immer damit rechnen mussten, selber der Ketzerei und damit Hexerei verdächtigt zu werden. So bezahlte der Reformator Agrippa von Nettesheim (1486 - 1535) seine Schrift »De vanitate scientarum« und »Die Verteidigung einer Hexerei verdächtigten Frau«[32] mit einer Anklage und anschließendem Gefängnis. Der Jurist Johann Georg Goedelmann aus Rostock (1559 - 1611) verleugnete zwar nicht die Existenz von Hexen - vermutlich aus taktischen Gründen - lehnte aber jede Art von Folter entschieden ab; der katholische Theologe Cornelius Loos (1546 - 1595) schrieb, »Hexenprozesse« seien nicht anders als »die Kunst aus Blut Gold zu machen« und konnte sein Leben nur dadurch

Friedrich von Spee (1591 – 1635), 1634 im Jesuitenkolleg Trier; zeitgenössisches Porträt

retten, dass er seine Schrift »De vera et falsa magia« widerrief, und der Jesuit Adam Tanner (1572 - 1632) verglich die Verfolgung der »Hexen« mit der der Christen im Römischen Reich.[33] Vor diesem Hintergrund entstand die »Cautio criminalis oder Rechtliches Bedenken wegen der Hexenprozesse« des Jesuiten und Moraltheologen Friedrich von Spee (1591 - 1635) im Jahre 1631, also mitten im Dreißigjährigen Krieg (1618 - 1648), das noch heute als »wichtiger Meilenstein auf dem Wege der Menschheit von der Düsternis mittelalterlicher Bewußtseinverdunkelung zum hellen Licht« der Aufklärung gilt.[34] Von Spee hat seine »Cautio« selber nicht veröffentlicht. Das tat 1636 - allerdings ohne sein Wissen und die nötige Druckerlaubnis seitens des Jesuitenordens - der Drucker Peter Lucius in Rinteln an der Weser. 1632 ließ ein Johannes Gronaeus Austrius in Köln auf eigene Kosten eine 2. Auflage erscheinen, weil - wie Gronaeus in seinem »Gruss dem Leser« schrieb - »alle Exemplare der ersten Auflage innerhalb weniger Monate so rasch verkauft worden sind, daß um keinen Preis mehr eines zu bekommen ist«.[35] Da von Spee - wie seine Vorgänger - damit rechnen musste, wegen seiner Schrift vor ein Ketzergericht zu kommen, beschränkte er seine Kritik auf die Mängel der Prozessführung, die er als Beichtvater der Verurteilten mitbekam. Dass es ihm eigentlich um die Widerlegung des Hexenglaubens ging, wird nur im 51. und letzten Teil seines brisanten Werkes deutlich. In der »Vorrede« an die »Obrigkeiten Deutschlands«, denen er »dies Buch gewidmet« habe, wies er ausdrücklich auf diesen Teil hin. Er werde »nicht nutzlos und gegen die Anordnung der Gedanken sein, diesen Abschnitt vor allen übrigen zu lesen«.[36]

»Das E r g e b n i s«, »das man rot anstreichen sollte«, war seine Erfahrung, dass es keine Hexen gebe, weil er in keinem der unglücklichen Opfer Beweise für die Hexerei gefunden habe«. Wenn nur die Prozesse unablässig und eifrig betrieben werden, dann ist heute niemand, gleich, welchen Geschlechts, in welcher Vermögenslage, Stellung und Würde er sei, mehr sicher genug, sofern er nur einen verleumderischen Feind hat, der ihn

Johannes Praetorius: Blockes-Berges Verrichtung, Leipzig u.a. 1668

verdächtigt und in den Ruf bringt, ein Zauberer zu sein.« Er habe »noch mehr sagen wollen, aber der Schmerz übermannt mich, so dass ich diese zusammenfassende Übersicht nicht sorgfältig und vollständig zu Ende führen noch, was sonst recht nutzbringend sein würde, eine deutsche Übersetzung ins Auge fassen kann«, und abschließend führte er hinzu: »Vielleicht werden einmal Männer kommen, die dem Vaterland und der Unschuld zuliebe das Werk ganz vollenden. Um dies endlich beschwöre ich alle gebildeten, frommen, klugen und besonnenen Beurteiler (denn die übrigen sind mir gleichgültig) um des Gerichts des allmächtigen Richters willen, dass sie das, was wir in diesem Buche niedergeschrieben haben, recht aufmerksam studieren und bedenken ... es gebührt mir nicht, unter denen zu sein, die der Prophet stumme Hunde heißt, die nicht zu bellen wissen. Sie mögen auf sich und ihre ganze Herde achtgeben, die GOTT einstmals strenge aus ihrer Hand zurückfordern wird«[37].

## Erinnerung und Vermarktung

Inzwischen ist, von der Zunahme wissenschaftlicher Literatur abgesehen, die Hexenverfolgung aus dem allgemeinen Bewusstsein verschwunden.

Zwar wird an einigen Orten an einzelne Opfer erinnert, so im Weserbergland an der Schaumburg in der Nähe der Stadt Rinteln, wo eine Linde an ein um 1400 zum Tode verurteiltes Mädchen erinnert, oder im Schweizer Kanton Glarus, wo der Prozess über die »letzte Hexe Europas«, die 1782 enthauptete Anna Göldi, als »Justizmord« entlarvt wurde[38], in der Barbarossastadt Gelnhausen, wo Anfang 1999 die evangelische und katholische Kirche, das Frauenstudien- und Bildungszentrum und der evangelische Theologinnenkonvent sogar ein Denkmal planten, als Hinweis darauf, daß »die Kirche den Nährboden für die Hexenverfolgung gelegt« hat.[39] Aber eine offizielle Anerkennung ihrer Verantwortung für diese Jahrhunderte währenden

Menschheitsverbrechen (vor allem der katholischen Kirche), steht immer noch aus. Stattdessen dominiert die Vermarktung der Verfolgung in den jährlichen »Walpurgisnächten« am 30. April im Harz, bei der sich die »Souvenirindustrie ... mit Kinderspielzeug, Schlüsselanhängern, Autoaufklebern und Hexenpuppen« dank des »Hexentourismus« immer noch einträgliche Einnahmen verschafft.[40]

Sabine Emmerich: Ganzkörperverschleierung,
Ausstellung im Bremer Gerhard-Marcks-Haus 2019

## 2.5
## Haus und Geschlechtsvormundschaft

2019 waren im Gerhard-Marcks-Haus, dem Bremer Bildhauermuseum, acht überlebensgroße, schmale und schwarze Zelte aus stoffähnlichem Material ausgestellt. Nach längerem Hinsehen konnte man erkennen, dass es sich um überdimensionale Burkas handelte, wie sie in Afghanistan seit der zunehmenden Macht der Taliban von Frauen getragen werden müssen. Wer in eins der Gebilde eintrat - durch hohe Öffnungsspalten war das möglich - hörte die Geräusche, die eine Burka-tragende Frau wahrnehmen kann: »Das Rauschen des Meeres oder das Spektakel eines Gewitters ..., aber auch Alltagsgeräusche ... Der Zwang, in der Öffentlichkeit den kompletten Körper verhüllen zu müssen«, bedeutet, wie Arie Hartog, der Direktor des Museums, bei der Vernissage sagte, »im übertragenen Sinne gesprochen, ihr Haus nie verlassen zu können ... Die verschleierten Frauen sind eingeschlossen und gleichzeitig ausgeschlossen von jeglicher Kommunikation und Empathie, die ihnen die Umwelt entgegenbringen könnte«.[1] Entsprechende Verkleidungen sind der Tschador, die Abaya, die Muslima im Iran der Mullahs tragen müssen, und der Niqab oder Nikab, der in Ländern wie Tunesien, Syrien und Ägypten ihr Gesicht weitgehend, zum Teil auch den Hals verdeckt. Burka, Tschador, Abaya oder Nikab haben die Funktion, Frauen vor der männlichen Öffentlichkeit zu verstecken und können nur im Hause abgelegt werden.

In Europa waren es in weniger krasser Form der Schleier, den die Braut vor dem Traualtar trug, die Haube, »unter die« die junge Frau »kam«, wenn sie heiratete, und das Kopftuch.

Dass auch diese Kleidungsstücke darauf hinweisen, dass die Frau ins Haus und nicht in die Öffentlichkeit gehört, kommt in Sprichwörtern

Bettelnde Frau in Kabul/Afghanistan

zum Ausdruck. »Frauen und Öfen bleiben im Haus« lautete ein Spruch aus Deutschland; in England hieß es. »Suche nie eine Frau, bevor du ein Haus hast, um sie dort hineinzusetzen«; oder - wieder aus England: »Eine Frau sollte nur dreimal das Haus verlassen: wenn sie getauft, geheiratet und begraben wird«.[2]

## Haus – Frauen

In Deutschland schrieben die bekanntesten Autoren des 18. Jahrhunderts darüber, dass die Frau ins Haus gehört und ihre Aufgabe sei, dort dem Mann zu Diensten zu sein. »Am bekanntesten sind wohl Passagen aus Friedrich Schillers ... Lied von der Glocke, das jahrelang in keinem Schulbuch fehlen durfte. Dort muss »der Mann ... hinaus ins feindliche Leben« gehen, während die »züchtige Hausfrau, die Mutter der Kinder (drinnen waltet) und ... (weise) herrschet im häuslichen Kreise ... und ... ohne Ende die fleißigen Hände (reget)«. Und Johann Wolfgang von Goethe lässt in seinem 1797 erschienenen und in alle damals relevanten Sprachen übersetzten Epos »Hermann von Dorothea« das schöne Flüchtlingsmädchen dem verliebten Bürgersohn, der ihr am Brunnen die schweren Wasserkrüge abnehmen will, entgegnen: »Dienen lerne beizeiten das Weib nach seiner Bestimmung«, denn - so belehrt sie ihn weiter - »zu der verdienten Gewalt, die ihr im Hause gehöret, diente die Schwester dem Bruder doch früh, sie dienet den Eltern, und ihr Leben ist immer ein ewiges Gehen und Kommen oder ein Heben und Tragen, Bereiten und Schaffen für andere ...«.[3]

Und damit schon das junge Mädchen auf seine zukünftige Rolle vorbereitet wird, verfassten Pädagogen entsprechende Bücher. »Am folgenreichsten wirkte sich das Werk Johann Heinrich Campes ... ›Väterlicher Rat an meine Tochter‹ aus, das er der ›erwachsenen weiblichen Jugend‹ widmete und das von 1787 bis 1832 zehn Auflagen erlebte. Worin, so fragte der Verfasser, liegt denn ›die allgemeine menschliche Bestimmung für dich, mein Kind?‹, und nachdem er seitenlang vor Putzsucht, Lesewut und vor allem künstlerischem und wissenschaftlichem Ehrgeiz pflichtvergessener Geschlechtsgenossinnen gewarnt hat, antwortet er: ›Ihr seyd vielmehr geschaffen - o, vernimm deinen ehrwürdigen Beruf mit dankbarer Freude über die große Würde desselben! - um beglückende Gattinnen, bildende Mütter und weise Vorsteherinnen des inneren Hauswesens zu werden‹«.[4] Selbst die Wissenschaft - in diesem Fall in Person des Nationalökonomen Lorenz von Stein (1815-1890) - befasste sich mit der Rolle der Frau im Haus. Seiner Überzeugung nach wird durch das Leben der »thätigen, arbeitenden Menschheit ... eine Linie gezogen, welche zwei wesentlich verschiedene Dinge tiefer scheidet als die Meere der Welt die Theile derselben. Diese Linie bildet die Schwelle des Hauses. Es ist gleichgültig, ob der Mann meilenweit von derselben entfernt ist, oder ihn und seine Arbeit von seinem eigentlichen Hause nichts trennt als die Thür zwischen seinem Arbeitszimmer und seiner Wohnung. Immer liegen diesseits und jenseits dieser Schwelle wesentlich verschiedene Ordnungen des Daseins ... An der Schwelle dieses Hauses aber steht die Frau ...«[5].

## Von der »Gruppenehe« zur »Patriarchalischen« Familie«

Einer der ersten, die versuchten, die Beschränkung der Frau auf das Haus zu erklären, war der deutsche Sozialist Friedrich Engels. Ausgehend von Vorgängern, vor allem dem US-amerikanischen Ethnologen L.H. Morgan und dem Schweizer Rechtshistoriker J.J. Bachofen, führte Engels in seinem Buch »Ursprung der Familie, des Privateigentums und des Staates« (1884) die »weltgeschichtliche Niederlage des weiblichen Geschlechts« auf den »Umsturz des Mutterrechts« zurück.[6]

Aus der ursprünglichen »Gruppenehe«, in der »regelloser Geschlechtsverkehr«[7] geherrscht habe und infolgedessen nur die Mutter eines Kindes bekannt sein konnte, habe sich durch Inzuchttabus, zunächst zwischen Großeltern, Eltern und Kindern, dann nur zwischen Eltern und Kindern und schließlich auch zwischen Geschwistern, die »Paarungsfamilie«, schließlich die »monogame« bzw. »patriarchalische Familie« durchgesetzt. Sie sei »auf die Herrschaft des Mannes (gegründet) gewesen, mit dem ausdrücklichen Zweck der Erzeugung von Kindern mit unbestrittener Vaterschaft, und diese Vaterschaft« werde »erfordert, weil diese Kinder dereinst als Leibeserben in das väterliche Vermögen eintreten sollen.«[8] Das aber habe nur mit der Entstehung des Privateigentums Sinn gemacht. Es sei entstanden nach dem Übergang von Jäger- und Sammlergesellschaften zur Acker- und Viehwirtschaft, der schon vor dem Beginn der geschriebenen Geschichte, d.h. um 5000 v. Chr., bestimmend gewesen sein müsse.

Für die Frauen habe diese Entwicklung ihre Beschränkung auf das Haus zur Folge gehabt. Denn – wie es in einer Rundfunksendung Anfang des 21. Jahrhundert salopp formuliert wurde: »Die Männer konnten die Erbfolge

Ludwig Richter (1803–1884) »Lob des Weibes« (1851), Holzschnitt

nur sichern, indem sie die Frauen zu Hause einsperrten«[9] Der Historiker und Sexualforscher Ernest Bornemann kann in seinem 1975 erschienenen und 671-seitigen Werk »Das Patriachat«, das er »den Frauen« und »der Frauenbewegung (gewidmet)« hat,[10] den Ausführungen von Friedrich Engels weitgehend folgen, will aber dessen sozioökonomische Basis durch »den sexuellen Überbau«, der aus ihr folge, ergänzen. Außerdem hält er die Begriffe »Matriarchat« und »Mutterrecht« für missverständlich und zieht die »Worte m a t r i s t i s c h« und »M a t r i s m u s« vor: »Matriarchat ist inkorrekt, weil die griechische Sprachwurzel a r c h o s, »Herrscher«, andeutet, daß hier die Mutter h e r r s c h t. Das tut sie aber ... nicht«. Die matristischen Kulturen »zeichnen sich gerade dadurch aus, daß die Mütter ihre latente Macht im Gefüge der Sippe oder des Stammes n i c h t zur Beherrschung ihrer Väter, Gatten und Söhne verwenden«, im »Unterschied zum Patriarchat, das ein echtes Herrschaftssystem ist«. Ähnlich stehe es mit dem von Johann Jakob Bachofen geprägten Ausdruck »Mutterrecht«, denn der Kernpunkt jener Kulturen, die er »mutterrechtlich« nennt; »ist gerade der, daß sie präjuristischen Ursprungs sind ... Das Recht ... geht auf ... die Negation der Natur zurück. Der natürliche Vorgang, der hier negiert wird, ist die Geburt ... der Mann ... kann seiner Vaterschaft nie sicher sein. Das Patriarchat konstituiert sich mit der Deklaration des Mannes, daß dieser Zustand ... aufzuhören habe« und »verbiete(t) ihn ... Dieses Verbot nenne ich das Recht«.[11]

Ein drittes Buch, das sich mit Friedrich Engels auseinandersetzt, ist das der US-amerikanischen Historikerin Gerda Lerner. Zwar betont sie in ihrer 1986 in Englisch, 1991 auf Deutsch erschienenen Veröffentlichung »Die Entstehung des Patriarchats« Engels »großes Verdienst ... auf die Bedeutung von gesellschaftlichen und kulturellen Faktoren für die Strukturierung und Definition von Geschlechtsbeziehungen hingewiesen zu haben«; auch habe er den »Konflikt zwischen den Geschlechtern« aufgezeigt, »der in der Institution der Monogamie« und »der vom Privateigentum bestimmten Beziehungen« herausgebildet wurde.[12] Andererseits wirft sie ihm mangelnde

Differenzierung und unhaltbare Schlussfolgerungen vor. So sei seine »Gleichsetzung der Geschlechterbeziehungen mit einem ›Klassenantagonismus‹ eine Sackgasse gewesen ..., die die Theoretiker lange an einem adäquaten Verständnis der Unterschiede zwischen Klassen ... und Geschlechterbeziehungen gehindert« habe.[13] Auch habe es das Matriarchat - von einzelnen, sogar noch heute existierenden Ausnahmen wie den »Musuo« im Süden Chinas abgesehen,[14] nicht gegeben. Frauen hätten - »durch Anwendung von Gewalt, durch ökonomische Abhängigkeit vom männlichen Familienoberhaupt, durch das Gewähren klassenspezifischer Privilegien für sich anpassende und abhängige Frauen der Oberschichten und durch die künstlich-willkürliche Unterteilung in respektable und nicht-respektable Frauen« immer auch mit dem patriarchalischen System kooperiert.[15]

Einen informativen Überblick über den gegenwärtigen Forschungsstand hat Marylène Patou-Mathis, die Forschungsdirektorin des naturhistorischen Museums in Paris, gegeben. Im Zusammenhang mit ihrem Buch »L homme prèhistorique est aussi une femme«[16] stellt sie in einem längeren Presseartikel neben Bachofen und Engels die Theorie der internationalen Forschungselite vor, von dem polnischen Anthropologen Bronislaw Malinowski (1884-1942) über die US-amerikanische Historikerin Marija Gimbutas (1921-1994) bis zu feministischen Autorinnen des 20. bis 21. Jahrhunderts, die »behaupteten, die prähistorischen matrilinearen Kulturen seien egalitärer, friedvoller und weniger hierarchisch gewesen als die patriarchalen Gesellschaften«, was inzwischen als »mythologische Konstrukte abgetan« worden sei. Sicher sei nur, dass »die Rolle der Frauen ... für den gesellschaftlichen Fortschritt ebenso wichtig war wie die der Männer«. Allerdings hätten »anderthalb Jahrhunderte lang ... die Interpretationen archäologischer Spuren die Frauen zur Unsichtbarkeit verurteilt, vor allem weil ihre Bedeutung in ökonomischer Hinsicht verkleinert« worden sei.[17]

Wie dem auch sei - einheitliche Ergebnisse der Geschlechtergeschichte liefert die Rechtsgeschichte und ihre Darstellung der Geschlechtsvormundschaft.

## Geschlechtsvormundschaft

Vormundschaft – volkstümlich auch »Kuratel« genannt – wird an sich über Minderjährige oder Entmündigte ausgeübt, die wegen Geistesschwäche, Trunksucht und weitere Unfähigkeiten nicht imstande sind, ihre rechtlichen Angelegenheiten selber zu regeln.

Theoretisch gilt Geschlechtsvormundschaft damit für Frauen und Männer. Dass sie nur Frauen betrifft, und zwar so selbstverständlich, dass darüber gar nicht geredet wird, offenbart bereits ihren patriarchalischen Charakter.

Im alten Orient gab es dieses Rechtsinstitut noch nicht. So enthält die älteste Gesetzgebung der Geschichte, der »Codex Hammurabi« (1760 v. Chr.), die 282 in Keilschrift verfassten Gesetzestafeln des babylonischen Herrschers Hammurabi (1728–1686 v. Chr.), von einer Vormundschaft über erwachsene Frauen noch nichts. Obwohl die babylonische »Familienverfassung ... strikt patriarchalisch« war und »gewisse Privilegien des Mannes ... einen recht barbarischen Charakter« hatten, stand auch die erwachsene Frau nicht unter Geschlechtsvormundschaft.

Sie war »selbständig handlungsfähig« und konnte »Rechtsgeschäfte abschließen und ... ebenso gut wie der Mann Adoptionen vollziehen«.[18]

## Kyrios, »manus« und »munt«

Dagegen »tritt uns« in »Griechenland ... das Institut der G e s c h l e c h t s v o r m u n d s c h a f t ... als wichtiges Merkmal des Familienpartriarchalismus ... zum ersten Male voll entwickelt entgegen ... Jede athenische Frau, ob verheiratet oder nicht, steht zeitlebens unter der ›Herrschaft‹ ihres nächsten männlichen Verwandten: ihres Vaters, Bruders, Gatten, Sohnes oder eines ihr vom Archonten«, einem der höchsten Staatsbeamten, bestimmten Vormund, dem Kyrios, und dieser »Kyrios ... vergibt sie nicht nur, ohne sie zu fragen, in die Ehe ... die Frau kann auch ohne seinen Beistand und seine Einwilligung kein Rechtsgeschäft abschließen, das einen gesetzlich fixierten, sehr geringen Betrag überschreitet, noch auch ohne ihnen vor Gericht erscheinen«.[19] Ernest Bornemann schreibt von der »charakteristischen ... Angst des Atheners, dass seine Frau ihn nahezu zwangsläufig betrügen müsse, wenn sie nicht völlig von ihm abhängig sei«;[20] es könnte ja ein anderer Mann mit ihr männlichen Nachwuchs zeugen. Der Athener Solon, der als Archon auch für die Gesetzgebung zuständig war, »legte deshalb gesetzlich fest, dass Frauen, wenn der Ehemann ihnen überhaupt erlaubte, das Haus jemals zu verlassen, dies nur bei Beerdigungen und religiösen Festlichkeiten dürften«. Auf der Straße mussten sie »verschleiert und in der einfachen Kleidung gehen ... selbst der gesellschaftliche Verkehr zwischen Frauen war beschränkt ... Saß eine Frau am Fenster, beispielsweise zum Spinnen oder Weben, wozu sie ja Licht benötigte, so war es ihre Pflicht, aufzustehen und ins Innere des Hauses zurück zu gehen, sobald ein Mann auf der Straße vorbeikam. Die Frauengemächer wurden mit Wachs versiegelt oder mit spartanischen dreizackigen Schlüsseln verschlossen. Die Schlösser waren von innen nicht zu öffnen. Im Fall von Feuer verbrannten die Frauen deshalb oft«.[21] Wie selbstverständlich der Ausschluss der Ehefrauen aus der Öffentlichkeit gewesen sein muss, geht aus dem Skandal hervor, den der Staatsmann Perikles (490 - 429) verursachte.[22] Er soll seine zweite Frau, die Gelehrte Aspasia, »in seinen eigenen Gemächern« untergebracht haben, »statt sie in die gynecea, das Frauengemach, einzusperren und (erwartete) obendrein von seinen Freunden, dass sie ihre Frauen mitbringen sollten, wenn sie ihn besuchten«.[23]

Noch in der neugriechischen Gesellschaft gilt »trotz einer(r) spürbare(n) Tendenz, der Frau die volle Gleichberechtigung zu gewähren«[24] die Vorstellung, dass die Frau ins Haus gehört. So sitzen in den Tavernen, den »sogenannten Kapheneia ... die Männer stundenlang, um zu diskutieren oder zu spielen«, während »diese Welt ... den Frauen streng verschlossen (ist)«.[25] Eine

Untersuchung der Griechin Joanna Lambiri habe ergeben, dass die durch die Tradition diktierte Erwartung (herrscht), dass die Mädchen z u H a u s e bleiben und dass sie die K e u s c h h e i t als den höchsten Wert betrachten.[26]

Entsprechend bestehe besonders in den bürgerlichen Kreisen eine ablehnende Haltung gegenüber jeder arbeitenden Frau.

## »manus«

Auch in der römischen Republik (510 v. Chr. bis Chr. Geburt) »wurde ... die allgemeine Unterordnung der Frauen ... unter die Männer ... durch die Geschlechtsvormundschaft gesichert«. Ihr nächster männlicher Verwandter »vergab sie, wie in Athen ... zur Ehe, wodurch sie aus seiner Gewalt in die des Gatten oder die ihres Schwiegervaters, so lange dieser lebte, übergingen«. In der Ehe, ob nun sakral oder zivil geschlossen - in jedem Fall wurde die Frau »Besitzobjekt« des Mannes bzw. unterstand seiner »manus«, d.h. Gewalt. Er konnte sie »ursprünglich einem Freund auf Zeit zu eigen geben, damit sie diesem ein Kind gebäre ... sie hatte kein Scheidungsrecht. Dagegen konnte der Mann wenigstens die Zivilehe ... und unter gewissen Förmlichkeiten später auch die Sakralehe, jederzeit lösen«.[27] Auch wurde in der »Manusehe ... die Eigentumssphäre der Frau vollständig (vernichtet)«.[28] Wesentlich für das Verhältnis der Gatten war, dass die römische mater familias nicht, wie die griechische Frau, in besondere Räume verbannt wurde. Sie lebte vielmehr mit dem Manne zusammen, teilte seine Interessen und häufig auch seinen politischen Ehrgeiz ... Sie nahm auch im vollen Umfang am geselligen Leben, z.B. an den Gastmählern, teil, allerdings nicht liegend wie die Männer, sondern sitzend und sich des Weingenusses enthaltend. Später durfte sie auch ins Theater, wie im Zirkus erscheinen und sich auf Markt und Straßen bewegen. Allerdings pflegte sie nicht ohne Wissen des Mannes und im allgemeinen nicht ohne Begleitung auszugehen.«[29]

Die faktisch bessere Stellung der Römerin hatte im Laufe der Zeit zur Folge, dass neben der sakralen und zivilen »manus«-Ehe sich eine dritte Form der Ehe durchsetzte, die »usus«-Ehe. Sie entstand dadurch, dass die Frau in die Familie des Mannes einzog und blieb, falls sie nicht »mindestens 3 Nächte ins Elternhaus zurückkehrte ... eine Ehe, auf Kündigung ...! d.h. mit beiderseitigem, ganz freiem, privatem Scheidungsrecht«, wobei die Kinder allerdings »immer in die volle Gewalt des Vaters (kamen)«. Als Kaiser Augustus (63 v. Chr. - 14 n. Chr.) schließlich die »manus«-Ehe aufhob, »(blieb) ... von da an die freie Ehe als überhaupt einzige Normalform übrig«.[30] Das bedeutete die, wenn auch nicht endgültige, Aufhebung der Geschlechtsvormundschaft. »So war die Frau« der Kaiserzeit, »auch die Ehefrau, jedenfalls nach dem T o d e ihres Vaters, eine voll handlungsfähige und selbständige Rechtspersönlichkeit«.[31] Dass die Möglichkeit freier Scheidung in der herrschenden Schicht, der Offiziere, Latifundienbesitzer, Großhändler, Steuer- und Domänenpächter und nicht zuletzt im Kaiserhaus einen schon von Zeitgenossen beklagten Sittenverfall nach sich zog, ging auf die Entlastung des Hausherrn wie der Hausfrau durch die zunehmende Zahl von Sklaven sowie den Kontakt mit »orientalisch-hellenistische(n) Lebensformen« zurück, nicht auf die Frauen, wie die spätere Geschichtsschreibung immer wieder behauptete.[32]

## »munt«

Bei den Germanen, die sich seit dem 8. Jh. v. Chr. - von Skandinavien herkommend - bis zu den nördlichen Grenzen des Römischen Reichs ausbreiteten, galt die Geschlechtsvormundschaft wie in Griechenland und der Römischen Republik und »erhielt sich im germanischen Rechtskreis außerordentlich zäh«. Die »Frau genoß zwar ... eine relativ hohe Wertschätzung, war sie doch die Genossin des Mannes auf seinen Wanderungen und zuweilen selbst im Kampfe, besorgte ... den Haushalt« und »auch die von dem freien Mann ... verschmähte Ackerarbeit«, außerdem war sie unentbehrlich als Gebärerin; trotzdem stand sie wie ihre Kinder und das Gesinde unter der »munt«, d.h. der Gewalt« des Hausherrn.[33] Die Eheschließung ging auf den Kauf der Frau zurück, was sich in einem angelsächsischen Gesetz wie folgt ausdrückt: »Wenn man ein Mädchen kauft, so sei es mit dem Kauf gekauft, falls kein Trug dabei ist. Ist aber Trug dabei, so bringe er sie nach Hause zurück, und man gebe ihm sein Geld wieder«. Das sind wie die Rechtshistorikerin Marianne Weber schreibt, »in etwa die Regeln des Viehhandels«.[34] Infolge der »munt«-Gewalt verfügte der Hausherr über ihre Person, ihr Eigentum und ihrer Kinder; er konnte sie »auch ... töten, verschenken, verleihen, verkaufen und letztwillig vermachen, und sowohl die Sage wie die Geschichte weiß von der wirklichen Ausübung dieser Rechte«.[35]

Der Ausschluss der Frau aus allen öffentlichen Angelegenheiten wurde begründet mit ihrer Wehrunfähigkeit; denn zur »Versammlung der freien Volksgenossen«, dem »Thing«, hatten nur »Waffenberechtigte« Zugang, und das waren Männer, obwohl Frauen faktisch immer wieder ihre Wehrfähigkeit bewiesen hatten. Das ist jedenfalls »in den Berichten über die Teilnahme der Germaninnen am Kampf überliefert«.[36]

## England, Frankreich und Preußen

Fiel die Geschlechtsvormundschaft in Griechenland, Rom und bei den germanischen Stämmen trotz grundsätzlicher Ähnlichkeit in wesentlichen Punkten unterschiedlich aus, dann blieb sie in europäischen Ländern bis ins 19. Jahrhundert hinein – von partiellen Verschärfungen abgesehen – relativ einheitlich und konstant.

In England war das »common law«, das auch in den überseeischen Kolonien galt, durch die »legal identity« bestimmt, d.h. die »völlige persönliche und vermögensrechtliche Unterordnung »der Frau unter den Mann: »Husband and wife are one and the husband ist that one«.[37] Welche Rechtsfolgen das hatte, geht aus dem öffentlichen Protest von Lucy Stone und Henry Blackwell hervor, die beide in der US-amerikanischen Frauenrechtsbewegung aktiv waren. Als sie 1855 heirateten, lasen sie vor der Kirche die folgende Stellungnahme vor: »Während wir unsere gegenseitige Zuneigung dadurch kundtun, daß wir öffentlich die Beziehung von Ehemann und Ehefrau eingehen ..., halten wir es für unsere Pflicht zu erklären, daß dieser Akt auf unserer Seite weder das Versprechen freiwilligen Gehorsams gegenüber solchen geltenden Gesetzen noch deren Sanktionierung enthält, welche der Ehefrau die Anerkennung als unabhängiges vernünftiges Wesen verweigern, während sie dem Ehemann eine ungerechte und unnatürliche Vormachtstellung einräumen ... Wir protestieren besonders gegen die Gesetze, die dem Ehemann folgendes übertragen: 1. Die Aufsicht über die Person seiner Frau. 2. Die ausschließliche Kontrolle und Vormundschaft über die Kinder. 3. Den alleinigen Besitz ihrer persönlichen Habe und die Nutznießung ihres Grundbesitzes, wenn er nicht vorher ... auf Treuhändler übertragen wurde wie im Fall von Minderjährigen, Schwachsinnigen oder Geisteskranken. 4. Das absolute Recht auf die Früchte ihrer Arbeit ... 6. Schließlich gegen das ganze System, durch welches die rechtliche Existenz der Frau während der Ehe aufgehoben ist, womit sie in den meisten Staaten der USA weder gesetzliche verbrieften Anteil an der Wahl des Wohnsitzes hat, noch ein eigenes Testament machen, noch in eigener Sache klagen oder verklagt werden, noch Vermögen erben kann«.[38]

Der französische »Code Civil«, der 1804 in Kraft trat, kannte – anders als das englische »common law« – keine eheherrliche »Identitätsfiktion«; auch konnte die Handelsfrau ihre den Handel betreffenden Geschäfte selbstständig abschließen, allerdings nur, wenn sie vom Ehemann dazu ermächtigt worden war. Aber, von diesen Vorteilen abgesehen, hat der »Code« den

Patriarchalismus der mittelalterlichen »droits coutumiers« »am reinsten und längsten bewahrt.[39] Trotz der »Rechte der Frau und Bürgerin« der Autorin und Revolutionärin Olympe de Gouges, trotz der vergleichbar argumentierenden Schrift des Girondisten Jean Antoine de Condorcet über »Die Zulassung der Frauen zum Bürgerrecht« (1789) wurde der »Code« nach den Grundsätzen der traditionellen Geschlechtsvormundschaft konzipiert. So wurde »die absolute Hausherrschaft des Mannes gesichert, und zwar dadurch, daß j e d e einzelne Rechtshandlung der Frau an seine Ermächtigung (Autorisation) gebunden« war. Die Frau war »verpflichtet, beim Manne zu wohnen und ihm überall hin zu folgen, wohin es ihm beliebt(e); also auch ins Ausland oder an einen für sie gesundheitsschädlichen Ort ... Ganz nach Art der mittelalterlichen Geschlechtsvormundschaft wird der Frau – auch der Handelsfrau – durch Art 215 untersagt, in Zivilsachen ohne Ermächtigung ihres Gatten vor Gericht zu erscheinen. Sie kann ... ohne sein Beisein oder seine schriftliche Erlaubnis nichts von ihrem Eigentum verschenken« oder »verkaufen«.

Die »Vorherrschaft des Vaters« wird durch »faktische A u s ü b u n g der Autorität ihm allein vorbehalten. Er allein verwaltet und nutznießt das Kindesvermögen, er bestimmt allein die Religion und bei ihm allein steht die Zustimmung zur Eheschließung« usw.[40] Hintergrund dieser Rigidität war die Einstellung Napoleons, des Initiators des »Code(s)« zu Frauen: »Bei der Beratung des Eherechts tat er den bekannten Ausspruch: ›Es gibt etwas, das nicht französisch ist: daß eine Frau tun kann, was ihr gefällt‹. Was ihm als Prinzip zur gesetzlichen Regulierung des Verhältnisses der Gatten vorschwebte, wird veranschaulicht in der Forderung: ›Ein Ehemann soll eine absolute Herrschaft über die Handlungen seiner Frau ausüben; er hat das Recht ihr zu sagen: Madame, Sie werden nicht ausgehen; Sie werden nicht das Theater besuchen; Sie werden mit der oder jener Person nicht verkehren‹«.[41]

Preußen war nach Österreich-Ungarn die größte Monarchie innerhalb des Heiligen Römischen Reiches deutscher Nation, das nach seinem Ende

1806 bis 1866 durch den »Deutschen Bund«, ab 1871 durch das deutsche Kaiserreich fortgesetzt wurde.

Das allgemeine preußische Landrecht (ALR) aus dem Jahre 1794 war im Unterschied zum »common law« und dem »Code civil« von der Naturrechtslehre der Aufklärung beeinflusst. Das kam u.a. in der Erleichterung der Ehescheidung zum Ausdruck, die allerdings weniger philosophisch als bevölkerungspolitisch begründet wurde. So hatte Friedrich der Große schon 1783 den Grundsatz aufgestellt, »daß man bei der Trennung der Ehe ... nicht gar zu difficil sein muß, ansonsten hindert das die Population«.[42] Weiter wurde »der preußischen Frau nicht nur ein moralischer, sondern auch ein rechtlicher Anspruch auf die Treue ihres Gatten zugestanden«,[43] die uneheliche Mutter bekam einen Anspruch auf Alimente, die sich allerdings nach der geldlichen Lage der fast immer ärmeren Mutter richteten, und Ehegatten konnten bei der Eheschließung zwischen Gütertrennung und Gütergemeinschaft frei wählen.

Andererseits wurde auch hier »die patriarchale Grundform des Eherechts ... dadurch festgelegt, daß §184 den Mann ausdrücklich zum Haupt der ehelichen Gemeinschaft« erhob. »Die Frau teilte(e) seinen Wohnsitz, seinen Namen und Stand« und durfte »ohne seine Erlaubnis weder ein selbständiges Gewerbe betreiben, noch sich zu außerhäuslichen Dienstleistungen verpflichten«. Er war »berechtigt, ihre Briefschaften zu öffnen, Tätlichkeiten gegen sie waren – je nach Stand und Gewohnheiten an sich kein Grund zur Beschwerde usw.«,[44] es sei denn sie war schwanger; in diesem Fall hatte der Ehemann sich jeder Gewalt zu enthalten.

Die väterlichen Befugnisse erstreckten sich sogar auf die Säuglingspflege: »Eine gesunde Mutter war ›ihr Kind selbst zu säugen verpflichtet ... wie lange sie aber dem Kind die Brust reichen solle‹, hing »von der Bestimmung des Vaters ab«.[45] Auch wenn sie größer wurden ..., unterstanden die Kinder der väterlichen Gewalt. Für die Söhne galt das, solange sie dem elterlichen Zuhause angehörten; die Töchter wurden »überhaupt nur durch

Alte Frau auf der Türschwelle sitzend, Nordspanien um 1960

Verheiratung ›frei‹«, die unverheirateten »nur durch den Tod des Vaters von seiner Autorität befreit, so daß er z.B. Zeit seines Lebens ihr Vermögen in seiner Hand behalten, ihren Aufenthalt bestimmen und sie zwingen konnte, im Elternhaus zu bleiben«.[46]

Seit Anfang des 19. Jahrhunderts wurde die Geschlechtsvormundschaft über Töchter des Vaters schrittweise aufgehoben, zuerst im Bundesstaat Sachsen.

Auch schaffte die Reichszivilprozessordnung 1877/79 die Prozess- und damit Geschäftsunfähigkeit der Ehefrau ab:[47]. Aber die Vormundschaft über die Ehefrau setzte sich fort und wurde im Bürgerlichen Gesetzbuch, dem BGB, das am 1.1.1900 in Kraft trat, trotz der leidenschaftlichen Proteste der Zweiten Frauenbewegung aufrechterhalten. Erst infolge des Gleichberechtigungsgrundsatzes des Bonner Grundgesetzes (Art.3,2), das vor allem die Juristin und Sozialdemokratin Elisabeth Selbert als Mitglied des Parlamentarischen Rates 1948/49 erkämpft hatte, dann die Familienrechtsform der Sozialliberalen Koalition (1969 – 1982) traten entscheidende Reformen ein.[48]

Reste aber – wie Ehegattensplittung und Einschränkung des Rechtes zum Schwangerschaftsabbruch – sind noch im 21. Jahrhundert erhalten.

## 2.6
## »Über die Bürgerliche Verbesserung der Weiber«

Der 1741 in Ostpreußen geborene Theodor Gottlieb von Hippel war Zeitgenosse von Christian Wilhelm Dohm aus Berlin (vgl. Kap. 1.5). Wie Dohm war von Hippel preußischer Beamter - Dohm nach dem Theologie-, dann Jura-Studium Kriegsrat im Dienste Friedrichs II., von Hippel nach den gleichen Studien Rechtsanwalt, Bürgermeister von Königsberg, dann ebenfalls Kriegsrat im selben Dienst. Außerdem waren beide - neben ihren beruflichen Tätigkeiten - immer auch schriftstellerisch aktiv. Aber während Dohm 1781 und 1783 zwei Bände »Über die bürgerliche Verbesserung der Juden« veröffentlichte, legte von Hippel neun bzw. elf Jahre später seine Streitschrift »Über die bürgerliche Verbesserung der Weiber« vor. Als diese Schrift 1792 erschien, war von Hippel bereits ein anerkannter Autor, sein Buch »Über die Ehe« von 1774 wurde ein Bestseller und erlebte bis 1793 drei weitere Auflagen.

### Vom Patriarchen zum Aufklärer

Der Grund für diesen Erfolg scheint seine patriarchalische, dem damaligen Zeitgeist entsprechende Auffassung von der Ehe gewesen zu sein. So »erkennt« er in der 1. Auflage »dem Manne die unbeschränkte Herrschaft in der Ehe zu« und »vermehrt« diese Darstellung in der 2. Auflage und 3. Auflage »um anekdotenhafte Zusätze und Gedankenspielereien«.[1] Dagegen »nimmt die vierte in allen Kapiteln ... eine unvermittelte und überraschende Wendung zu emanzipatorischen Ideen. Heißt es z.B in der ersten Auflage: ›Die Weiber können nach den Rechten nicht viel mehr ohne Vormund und

Theodor Gottlieb von Hippel (1741–1796), Radierung von Daniel Chodowicki (1726–1801)

Beyhülfe thun, als zu Bette gehen‹, so erhält dieser ... ganz ernst gemeinte Satz ... in der vierten eine ironischen Wendung: ›Die Weiber können, kraft der Huld der Gesetze, nicht sehr viel mehr ohne Vormund und Beyhülfe unternehmen, als aufstehen und zu Bette gehen`. Und wenn es dann in der ersten Auflage heisst:‹ ... Regentinnen ... hören auf, Frauen zu seyn, sobald sie den Thron besteigen‹ - so dreht die vierte diesen Satz geradezu um: ›Alle anderen Frauenzimmer, bis auf Regentinnen ..., welche das stolze männliche Geschlecht zur wohl erwogenen Ausnahme für befugt hält, bleiben bis zu ihrem sanften und seligen Tode in der Unmündigkeit‹«.[2] Diese überraschende Wendung von Hippels muss damit zusammengehangen haben, dass er auf Dohms »Bürgerliche Verbesserung der Juden« gestoßen ist. Darauf deutet jedenfalls eine Bemerkung bereits im ersten Kapitel seiner Streitschrift hin. »Man hat in unserer Zeit«, heißt es dort, »so sehr die bürgerliche Verbesserung der Juden empfohlen; sollte ein wirkliches Volk Gottes (das andere Geschlecht), weniger diese Sorgfalt verdienen als das s o g e n a n n t e? ... Und lagen die Verhinderungen einer moralischen Verbesserung des menschlichen Geschlechts ... nicht vorzüglich darin, daß man das schöne Geschlecht in seinen Ruinen ließ und diesen Tempel bloß u n s e r m Geschlecht errichten wollte? Ist es nicht unverzeihlich, die Hälfte der menschlichen Kräfte unerkannt, ungeschätzt und unverbraucht schlummern zu lassen?« Daß der Verfasser seine Schrift anonym erscheinen ließ, soll eine biographische Eigenart gewesen sein; er habe das

Versteckspiel geliebt und die Mehrheit seiner Texte anonym veröffentlicht. Aber im vorliegenden Fall fürchtete er wohl das Unverständnis, wenn nicht gar die Empörung der Öffentlichkeit, vor allem seines philosophischen Freundeskreises, zu dem auch der renommierte Philosoph Immanuel Kant gehörte. Denn mit seinen emanzipatorischen Ansichten stand von Hippel - zumindest im Königreich Preußen - auch unter den aufgeklärten Geistern seiner Zeit ziemlich alleine da. Und tatsächlich stieß er mit seiner »Bürgerlichen Verbesserung der Weiber«, als deren Verfasser er allgemein vermutet wurde, auf heftigste Ablehnung. Wie der Herausgeber der Ausgabe von 1977 im Nachwort schreibt, galt sie als »eine seiner schlechtesten Arbeiten«. Dabei scheint die Kritiker weniger gestört zu haben, dass von Hippel die Diskriminierung der weiblichen Bevölkerung der der Juden nicht nur gleich, - sondern sogar voranstellte, als die »aufgestellten Behauptungen von den Vorzügen der Frauenzimmer«; sie »seien unbeweisbar«.[3]

## Humor statt Dogmatik

Aber Beweisführung war wie jedes methodische Vorgehen auch gar nicht von Hippels Absicht. Denn - so der Autor - »wenn die krumme Linie die Schönheitslinie« sei, werde »man es schwerlich bedenklich finden, dem Lachen die Schlüssel zum Himmelreiche der Wahrheit anzuvertrauen ... Wenn ein Ritter von echt lustiger Gestalt«, womit er - auf den »Ritter von der traurigen Gestalt« aus Miguel de Cervantes Roman »Don Quijote« anspielend - sich selber meinte, »den Kampf beginnt - wer oder was kann vor ihm bestehen? Welche Festung von System und Dogmatik sich halten«?[4] Und so ist denn auch seine Streitschrift keine wissenschaftliche Arbeit, sondern eine launige Abhandlung von Metaphern, ironischen bis sarkastischen Formulierungen, Anspielungen auf Bibelstellen, Literatur, politische Ereignisse und nicht zuletzt ständigen Abschweifungen, von denen er sich selber immer wieder zur schriftstellerischen Ordnung ruft. Aber – so von Hippel schon im ersten Kapitel – »es ist ja nichts weiter als ein Buch, das ich verbreche«, und »wirkte je eins? Auf frischer Tat? An Stell und Ort«.[5] Deshalb »laßt uns dies Werk der Zeit überlassen, die bisweilen aus unbegreiflicher Güte Kombinationen zusammenbringt, auf welche, nach dem gewöhnlichen Lauf der Dinge, weder zu rechnen noch Jagd zu machen war. – Laßt uns auf den Zeitpunkt uns freuen, wo der Tag der Erlösung für das schöne Geschlecht anbrechen wird, wenn man Menschen, die zu gleichen Rechten berufen sind, nicht mehr an der Ausübung derselben behindert«.[6]

Dass es dem Verfasser ernster war, als sein humoriger Stil vermuten lässt, geht aus den Inhalten der sechs Kapitel hervor. Nach einer Einführung in »Formale und Materiale der gegenwärtigen Schrift« fragt er im 2. Kapitel, ob es »außer dem Unterschiede des Geschlechts noch andere zwischen Mann und Weib« gebe;[7] im dritten und vierten Kapitel befasst er sich mit der Entstehung der »Überlegenheit des Mannes über die Frau,[8] das fünfte enthält »Verbesserungsvorschläge«[9] und das sechste und letzte, das den profanen Titel »Nutzanwendung« trägt, geht auf die Vorteile ein, die eine Gleichheit der Geschlechter für die ganze Gesellschaft, also auch ihre männliche Hälfte, bringen würde.[10]

## Eva – die Erfinderin der Vernunft

Die Behandlung der ersten Frage beginnt von Hippel bei Adam und Eva bzw. der Schöpfungsgeschichte aus dem 1. Buch Mose. Dabei hebt er die anfängliche Gleichheit der ersten beiden Menschen zugunsten Evas mit der Überlegung auf, dass »das Männlein Adam ... zwar die Ehre der Erstgeburt« gehabt habe, »indes ... Fräulein Eva vollkommen dadurch entschädigt (ward), daß sie aus einer Rippe Adams, dieser dagegen aus einem

BÜRGERLICHE VERBESSERUNG

DER WEIBER

BERLIN, 1792.

in der Vossischen Buchhandlung

Über die Bürgerliche Verbesserung der Weiber, Berlin 1792 in der Voßischen Buchhandlung (Titelblatt), anonym

Erdenkloß zur Welt gebracht wurde ... und gereichet diese Rippenhieroglyphe[11] nicht in mehr als einer Rücksicht zum Vorzuge des Weibes?«[12] »Eva (würde) den Zankapfel von jedem Paris erhalten - weil sie schöner war als Helena? und weil jeder Paris bei aller Sinneseinfalt eine Mannsperson bleibt? Nein! Sondern weil Adam durch sie zum Falle gebracht ward ... weil er sich durch sie zum Gebrauch und Anwendung, zum Durchbruch der Vernunft hinaufstimmen ließ ... Sie zerbrach die Ketten des Instinkts, der die Vernunft nicht aufkommen ließ, und triumphierte. - Eva sollte die Vernunft, ihr zum Andenken heißen«.[13] Man könnte diese Interpretation der Schöpfungsgeschichte als Gedankenspielerei abtun, wäre sie nicht im Zeitalter der Aufklärung angestellt worden, in dem ein Philosoph wie Immanuel Kant die Vernunft zum zentralen Begriff seiner Lehre erhoben und den Frauen den Zugang zu dieser Fähigkeit abgesprochen hätte mit Sätzen wie »Der Inhalt der großen Wissenschaft des Frauenzimmers ist ... der Mensch, und unter den Menschen der Mann. Ihre Weltweisheit ist nicht Vernünfteln, sondern Empfinden«.[14] Von Hippel dagegen bezeichnet Evas Ungehorsam gegenüber dem göttlichen Verbot nicht nur als »Revolution«, sondern sogar als die »erste Revolution«.[15] Damit argumentierte er wie schon Jahrhunderte vor ihm die Verfasser der »Apokalypse Adams«, die er allerdings nicht gekannt haben kann, denn die sogenannten Nag-Hammadi-Schriften, aus denen die »Apokalypse« stammt, wurden erst nach 1945 entdeckt (vgl. Kap.2.1).

## Natur, Erfahrung und Geschichte

Nach der Bibel befragt er die Natur: »Was hätte die Natur veranlassen können, die eine Hälfte ihres höchsten Meisterstücks zu beglücken und zu ehren, die andere dazu zu verkümmern und zu vernachlässigen?«.[16] Und er wundert sich über die Apostel weiblicher »Ohnmacht und ... Dürftigkeit«:

»Die allmächtige Natur sollte ihre Stellvertreterin schwach gelassen haben, um nicht nur schwache Personen ihres eigenen Geschlechts, sondern auch starke des unsrigen zur Welt zu bringen?«[17] Statt diese rhetorischen Fragen zu beantworten, wendet er sich der »Erfahrung« zu.[18] Größe und Stärke seien »überhaupt etwas sehr Relatives, welches in Klima, Nahrungsmitteln und andern uns unbekannten Ursachen« begründet sei. So wäre »(die Menschenart) diesseits und jenseits der Wendezirkel ... weit kleiner als innerhalb derselben« und »Reisende behaupten, daß Männer und Weiber (diesseits des vierzigsten und jenseits des sechzigsten Grades der Breite) ... gleichen Strich halten und daß, wenn ihnen nicht der Unterschied der Kleidung und etwa der Bart aushülfen, die beiden Geschlechter nicht unterschieden werden könnten ... so wie die Bewohner der Marschländer in der Regel größer sind als die Bergmänner ... und am Ende, was tut die Größe?«.[19]

Die Geschichte zeige, dass die Belastung der Frauen der der Männer nicht nur geglichen habe, sondern oft sogar größer gewesen sei. »Die Arbeit bei Bestellung des Bodens und bei der Ernte« seien »unter beide Geschlechter so ziemlich verteilt« gewesen, aber »der Anteil der Weiber mit einem beträchtlicherem Aufwand von Arbeit verknüpft. Der Schnitter kehret heim zu seiner Hütte mit frohem Herzen, um nach ermüdender Arbeit der Ruhe zu pflegen, wenn, auch bei der einfachsten ländlichen Haushaltung, noch vielfache Geschäfte für das Weib übrig bleiben, das im Schweiße seines Angesichts die Garben band, wozu nicht minder Anstrengung von Kräften erfordert wird«.[20] Und was die sogenannten »Weiberkrankheiten« betreffe, die immer wieder zur Begründung weiblicher Schwächen und Unfähigkeit herangezogen würden – so argumentiert von Hippel ähnlich wie sein aufgeklärter Zeitgenosse in Frankreich, der Politiker und Philosoph Jean Antoine de Condorcet, den von Hippel gekannt haben muss. Während der Franzose in seinem Plädoyer für die politische Gleichberechtigung der Frauen – »Über die Zulassung der Frauen zum Bürgerrecht« (1789) – fragte, »warum sollte eine Gruppe von Menschen, weil sie schwanger werden können und sich vorübergehend unwohl fühlen, nicht Rechte ausüben, die man denjenigen niemals vorenthalten würde, die jeden Winter unter Gicht leiden und sich leicht erkälten?«.[21]

Von Hippel verschärfte diese Kritik aber noch; das Recht der Männer auf Bürgerrechte werde mit deren Waffenfähigkeit begründet und diese darüber hinaus in dem Maße glorifiziert, wie »Weiberkrankheiten« für politische »Ohnmacht« herhalten müssten: Es gebe »Helden ..., deren die Geschichte mit Lob und Preis gedenkt, weil sie in höchsten Gnaden geruheten, sich Schlachten gewinnen und Siege erkämpfen zu lassen, ohne daß sie sich dem kleinsten Gefechte aussetzten und zum Bette der Ehren die mindeste Neigung fühlten, indem sie, wenn es hoch kam, weit über die Schußgrenze hinaus sehr behaglich zusahen, wie viele Arme und Beine ein paar Lorbeerreiser kosteten«.[22]

## Herrscherinnen

Der herrschenden Ansicht, dass Frauen zur Ausübung politischer Rechte die Seelen- und Geistesstärke fehle, hält er die Frage entgegen, ob »die Anlagen sich entwickeln und Keime tragen (können), wenn keine wohltätige Hand sie pflegt? Wenn alles sich sogar vereinigt, sie zu unterdrücken und womöglich auszurotten?«.[23] Er nennt die Namen bedeutender Herrscherinnen, die »alle jene ihnen aberkannten Geisteseigenschaften in einem sehr vorzüglichen Grade besaßen«.[24] »Wer wagt es ... einer Elisabeth Herrschertalente, Marien Theresien Mut und Standhaftigkeit abzusprechen?«.[25] Dann vergleicht er die russische Zarin Katharina mit dem französischen Philosophen und Schriftsteller Voltaire, indem er den Briefwechsel der beiden heranzieht. Sie bleibe »groß, wie sie ist - und Voltaire? klein, so klein, wie er war ... Sein teures Selbst ist immer die erste Person, die große Frau muß sich mit zweiten begnügen. Sie soll - man denke! - Konstantinopel erobern ... damit er kommen und ihr die Füße küssen könne, weil es in Petersburg für den alten Eremiten von Ferney zu kalt sei. Noch nicht befriedigt, daß die Kaiserin seinen Uhrmachern für 8000 Rubel Uhren abnimmt, soll sie sogar, um seine Fabrikanten in Nahrung zu setzen, einen Uhrenhandel in China in Gang bringen ... bis sie ihn denn endlich mit seinen, einer Kaiserin und eines poetischen Philosophen so unwerten, Merkantilgeschäften an ein dortiges Handlungshaus assigniert. Die prosaischste Leidenschaft unter allen, der leidige Geiz, brachte Voltair'n vom Parnaß an die Börse«,[26] (Parnaß, bei Delphi gelegen, galt im alten Griechenland als Sitz der Musen).

»Es sei genug«, fährt er fort, »eine Margaretha von Dänemark, eine Christina von Schweden, eine Sophie Charlotte von Preußen zu nennen ..., die, wenn sie Männer gewesen wären, diesem Geschlecht Ehre gemacht hätten ... Nach diesen Beispielen wird man mir ohne Zweifel den Beweis erlassen, daß es den weiblichen Seelen nicht an großen Anlagen fehle«.[27]

## Gesellschaft und 1789

Die Kapitel III und IV, in denen er nach der »Entstehung der Überlegenheit des Mannes über die Frau« fragt, sind mehr als doppelt so lang wie das zweite. Aber das meiste sind Wiederholungen und phantasievolle Abschweifungen, die das Lesen vergnüglich machen, aber relativ wenig zur Beantwortung der gestellten Fragen enthalten. Trotzdem lassen sich wesentliche Aussagen erkennen, so die Überzeugung des Verfassers, dass die männliche »Überlegenheit« nicht auf die Natur zurückgehe, sondern gesellschaftlich bedingt sei. »Schon in den ältesten urkundlichen Nachrichten über den gesellschaftlichen Ursprung der Menschen finden sich Spuren von einer Ungleichheit beider Geschlechter«.[28] »Schwangerschaft und Niederkunft« hätten die Frau daran gehindert, »an den Geschäften des Oberjägermeisters, seines Mannes, unmittelbaren Anteil zu nehmen«.[29] »Der Körper des Mannes, durch die Beschwerlichkeiten der Jagd oder Fischerei abgehärtet ... behauptete auch einen Einfluss auf seine Seele. An Gefahren gewöhnt, ward er durch diese Gewohnheit mutig, unerschrocken, standhaft und fühlte seine Überlegenheit über alles, was nicht Mann war, mithin auch über sein Weib, dessen körperliche Kräfte aus Mangel an Gelegenheit unterentwickelt blieben und das, aus Unbekanntschaft mit Gefahren diese zu fürchten anfing«.[30] Dass dieser Unterschied nicht natürlich, sondern gesellschaftlich bedingt gewesen sei, begründet von Hippel mit der Vermutung, dass »die Jagd allein, der Ursoldatenstand ... eine Erfindung des Mannes« gewesen »zu sein scheint«, wobei er sich selber als »Feind der Jagd« bezeichnet, weil sie »dem Weibe jeden Schritt zur weiteren Kultur vertrat und alle jene übel erzeugte, denen das menschliche Geschlecht durch Kriege und Menschenjagden unterworfen worden ist«, und fragt: »bleibt ... Krieg nicht ein Originalübel?«.[31] Dann verfolgt er die Geschichte der männlichen Herrschaft über Frauen von den Griechen, über die Römer, bis zur Französischen Revolution. Aber auch sie habe - trotz der Deklaration der »Allgemeinen Menschenrechte« von 1789 - die Lage der Frauen nicht verbessert noch diese befreit, »obgleich die Weiber die Fahnen derselben geführt« hätten.[32] »Eins unter ihnen wagte es« sogar, ihren Unwillen laut werden zu lassen. In einem an die Nationalversammlung abgelassenen Brief bemerkte es, daß kein Wort in der Konstitution von Weibern vorkomme, obgleich die Mütter Bürgerinnen des Staates sein müßten«.[33] Mit dieser Kritik muss sich von Hippel auf die französische Revolutionärin Olympe de Gouges bezogen haben, die ihre »Deklaration der Rechte der Frau und Bürgerin« 1791 an die französische Königin richtete. Er beklagt, dass keine Reaktion der Nation »auf diese Adresse einer edlen Französin« bekannt geworden sei. Dass die Antwort ihre Hinrichtung war, konnte von Hippel bei der Abfassung seines Buches, das 1792 veröffentlicht wurde, nicht wissen, weil die Hinrichtung im November 1793 stattfand.[34]

## »Emanzipation«

Die Kapitel V und VI, die »Verbesserungsvorschläge« enthalten und sich mit deren »Nutzanwendung« befassen, sind mit ihren 144 Seiten noch umfangreicher als die Kapitel III und IV, weil sie noch mehr Wiederholungen und Abschweifungen aufweisen. Dabei ist ihr zentrales Thema die »Emanzipation«.[35] Denn - so der Verfasser - »ein großer Teil unter den ›Weibern‹ scheint der Ketten, die ihnen das Gesetz so vorteilhaft schildert, müde und fühlt einen unüberwindlichen Hang, sie eher zu zerbrechen, als mit ihnen, wie mit Kinderklappern, zu spielen«.[36] Und so modern das Wort daherkommt, mit dem er sein Thema bezeichnet, sind auch seine Vorschläge.

Als erstes plädiert er für Koedukation. »Woher«, fragt er, jetzt der Unterschied in der Erziehung beider Geschlechter, der bei der Wiege anhebt und beim Leichenbett endigt?«.[37] »Man erziehe Bürger für den Staat, ohne Rücksicht auf den Geschlechtsunterschied«. Allerdings will er wieder »das, was Weiber als Mütter und Hausfrauen wissen müssen, dem besonderen Unterricht« überlassen.[38]

Dann fordert er den Zugang der Frauen zu praktisch allen, den Männern vorbehaltenen Berufen: »Man räume ihnen Kanzeln und Lehrstühle ein«,[39] »schöne Künste und Wissenschaften«,[40] Physik, Mathematik, Astronomie,[41] vor allem auch Politik[42] und Justiz, denn das Recht »(sollte) aufhören, ein Monopol einer besonders besoldeten Männerklasse zu sein«.[43]

Besonders tritt er dafür ein, dass Frauen Zugang »zur Arzneikunst und Chirurgie«[44] erhalten, vor allem zur Gynäkologie. »Weibliche Ärzte müßten sich weit mehr Zutrauen bei den Kranken ihres Geschlechtes erwerben ... Schamhaftigkeit ... ist sie nicht oft die Ursache, daß Mädchen Gebrechen so lange verheimlichen, bis dieselben nicht mehr zu beheben sind? Oder daß sie lieber mit Gefahr ihres Lebens auf die Hülfe der Kunst Verzicht tun? ... Wie viele büßen nicht durch schwere Geburt ihr Leben ein.«[45] Er stellt sogar die weibliche Pflicht der »Kindererziehung« in Frage, denn »ist die Erziehung nur Pflicht der Mütter, oder liegt sie nicht auch den Vätern ob? Gehören die Kinder nicht beiden? Und wenn der Vater, dieser Verpflichtung ungeachtet, nicht aufhört, gesellig zu sein, warum sollte es denn die Mutter?«.[46] Damit hat er so etwas wie »Erziehungszeit« im Blick, die es in der Bundesrepublik erst seit 2006 auch Vätern ermöglicht, bezahlten Urlaub von ihrer Erwerbstätigkeit zu beantragen.

Gegen Ende der Streitschrift führt er alle Formen gesellschaftlicher Gewalt auf die über Frauen zurück:

»Geh ich zu weit, wenn ich behaupte, daß die Unterdrückung der Weiber, Unterdrückung überhaupt in der Welt veranlasst habe?«[47]

## 2.7 Der Deutsche Bund zur Bekämpfung der Frauenemanzipation

In Deutschland war es die sächsische Schriftstellerin Louise Otto (1819-1885), die 1849 - zeitgleich mit der ersten deutschen Verfassung - ihre »Frauen-Zeitung« mit dem Motto »Dem Reich der Freiheit werb' ich Bürgerinnen« herausgab.[1] Die deutschen Frauen beschränkten sich allerdings - anders als ihre ausländischen Schwestern - zunächst auf Bildungs- und Erwerbstätigkeitsrechte. Die Forderungen, die von Hippel gestellt hatte - Zugang zu universitären Studien, zu Berufen und Ämtern in Justiz, Wissenschaft, Kirchen, Medizin und zum Wahlrecht - wurden erst seit dem ausgehenden 19. Jahrhundert erhoben.

### Antifeministen

Aber vor allem das Wahlrecht war es, was Antifeministen unterschiedlicher Couleur auf den Plan rief, und zwar in dem Maße, in dem die Frauen mit Organisationen, Demonstrationen und internationalen Kongressen die Öffentlichkeit auf ihr Anliegen aufmerksam machten.

»Der Heilige Vater warnte« von Rom aus die deutschen »Damen vor den Gefahren der Frauenbewegung und Emanzipation: Die Frauen, die an der Gesetzgebung teilnehmen wollten, hätten ihren Beruf verfehlt«, womit ihre Aufgaben als Frauen und Mütter gemeint waren,[2] und Wilhelm II. mahnte in der Königsberger Kaiserrede 1910 seine »Untertaninnen, ... dass die Hauptaufgabe der deutschen Frau nicht auf dem Gebiete der Versammlungs- und Vereinswesen liegt, nicht in dem Erreichen von vermeintlichen

Rechten, in denen sie es den Männern gleichtun können, sondern in der stillen Arbeit im Hause und in der Familie«.[3]

Im Juni 1912 erhielten Papst und Kaiser Unterstützung durch den »Deutschen Bund zur Bekämpfung der Frauenemanzipation«. Seine Mitglieder waren Ärzte, Professoren, hohe Staatsbeamte, Juristen, Offiziere, Geistliche und Politiker, ein Viertel der Mitglieder waren Frauen, meistens Hausfrauen.

Hintergrund der Gründung war nicht nur die Ablehnung des Frauenwahlrechts, sondern auch der Sozialdemokratie. Die Partei hatte schon 1891 auf dem Gothaer Parteitag das Frauenwahlrecht in ihr Programm aufgenommen und bei den Reichstagswahlen 1912 konnte sie erstmals ungewohnte Erfolge erringen. Hinzu kam die Sorge, dass pazifistische Bestrebungen der Frauen den Militarismus und Patriarchalismus von Staat und Gesellschaft gefährden könnten. Ludwig Langemann, der langjähriger Vorsitzender des »Deutschen Bundes zur Bekämpfung der Frauenemanzipation« war, warnte 1913: »Wenn auch alle europäischen Völker am Weibe verkommen sollten, das deutsche Volk, das männlichste Volk der Erde, an dessen Wesen noch die Welt genesen soll, muß im heiligsten Interesse der Menschheit vor diesem Schicksal bewahrt werden«[4]. Noch diskriminierender war die Geschlechterphilosophie des »Bundes«. Danach waren Frauen und Männer nicht nur körperlich und geistig verschieden, sondern Frauen auch minderwertig, wie in sogenannter wissenschaftlicher Literatur der Zeit ausführlich dargelegt werde. Besonders erfolgreich waren die Bücher von Laura Marholm und Paul Julius Möbius. Die Schriftstellerin verfocht in ihrem »Buch der Frauen«, 1895 erschienen, die Ansicht, »dass das Weib seelisch und physiologisch eine Kapsel über einer Leere« sei, »die erst der Mann kommen muß zu füllen«.[5] Der Neurologe Paul Julius Möbius legte im Jahr 1900 seine Schrift »Über den physiologischen Schwachsinn des Weibes« vor, die bis 1922 zwölf Auflagen erreichte. Im Januar 1914 hielt der Oberlehrer Oberfohren aus Kiel »vor einer stark besuchten Veranstaltung«

Monatsblatt

des Deutschen Bundes zur Bekämpfung der Frauenemanzipation.

Erscheint monatlich.
Abonnementspreis: jährlich 3 Mark.
Durch Post und Buchhandel zu beziehen.
Postzeitungsliste für 1913, Nachtrag 5.

Schriftl.: Prof. Dr. Langemann-Kiel.
Geschäftsstelle des Bundes:
Spandau, Kaiserstraße 30.

Anzeigen
nimmt entgegen die Buchhandlung Fr. Zillessen, Berlin C. 19, Wallstraße 17/18.
Preis: die 3 gespalt. Petitzeile 20 Pfg.

Nummer 2. | Monat Februar. | Jahrg. 1913.

Inhalt: Frauenstimmrecht im Auslande. – Die christlich-nationale Gruppe zur Bekämpfung der Frauenemanzipation. – Frauenbewegung als Individualismus. – Die Frauen und der Krieg. – Das Zölibat der Lehrerinnen. – Frauenstimmrechtsbewegung: Spandau. Schleswig-holsteinische Gesamtsynode. Schleswig-holsteinischer Provinzialverein. Das Zentrum und die Frauen. Die Parlamente und das Frauenstimmrecht. Man hüte sich vor den Gemäßigten. Das Unglück schreitet schnell. – Verschiedenes: Lehrer und Lehrerinnen. Politische Emissärinnen. Die Hilfe und der Bund. – Mitteilungen aus dem Bunde: Weimarer Gruppe. Versammlung in Berlin.

Monatsblatt des deutschen Bundes zur Bekämpfung der Frauenemanzipation
Jahrgang 1913, Februar

im großen Saal des »Museum« Bremens ein Referat zur »Frauenfrage als soziales und politisches Problem«, das zur spontanen Gründung einer Bremer Ortsgruppe führte. Der Referent stellte die Frauenbewegung als »letzten Ausläufer der rationalistischen Bewegung des 18. Jahrhunderts« dar, aus der - »wie bei der Sozialdemokratie« - »die Frauenstimmrechtsbewegung (erwachsen)« sei. »Mit dem Hinweis auf das Ausland« werde »behauptet, die Einführung des Frauenstimmrechts habe die sozialen Verhältnisse gebessert und auf die allgemeine Kultur veredelnd gewirkt«. Aber - so der Oberlehrer - »für uns hat es keinen Zweck, vom eigenen Vaterland in andere Länder hinüberzusehen: wir haben zu erwägen, was in unserem Interesse liegt, und das ist ohne Zweifel, daß bei uns die Frau erhalten bleibt als Lebensspenderin, der Mann dagegen als Lebenssicherer«![6] Auf der Maiveranstaltung desselben Jahres sekundierte ihm eine Frau Dr. Helene Hummel aus Berlin mit Ihrem Vortrag »Was verdanken wir Frauen der internationalen Frauenemanzipation?« Mit der »internationalen Frauenemanzipation« zögen »schwere Wetterwolken auf ... die Wurzeln und Kraft des deutschen Frauentums und des deutschen Volkes zu zerstören« drohten. »Wir (lehnen) das Frauenstimmrecht in jeder Form ab, auch das kirchliche, das nur eine Vorstufe für das politische sein soll«. Länder, in denen Frauenwahlrecht bereits eingeführt worden war – wie Finnland oder Neuseeland – tat sie als »exotische Staaten« ab. Darüber hinaus wandte sie sich entschieden gegen die Einführung der Koedukation, den Zugang der Frauen zu Universitäten und akademischen Berufen, gleiche Entlohnung und Aufhebung des Beamtinnenzölibats usw., denn »Millionen von Müttern« fühlten sich »nicht als Sklavinnen und Tausende von Ledigen ebenfalls nicht. Millionen von Müttern sind Herrscherinnen, aber Krone und Zepter sind nicht Stimmzettel und Gesetzesparagraphen, sondern Anmut und Würde«.[7]

## Bremer Stimmrechtlerinnen

Der Vortrag des Kieler Oberlehrers wie der Berliner Referentin lösten immer wieder »lang anhaltenden Beifall«, aber auch »Widerspruch« aus.[8] Mehrere Vertreterinnen Bremer Frauenvereine argumentierten zwar vom gemäßigten Standpunkt aus und suchten »die Frauen in ihren natürlichen Stellungen zu halten«, sahen aber – wie Josephine Heidelberg und Dr. Verena Rodewald – gerade deshalb in ihrer Beteiligung an der Gesetzgebung »einen Segen für die Allgemeinheit«.[9] Konkreter wurde die Stimmrechtlerin Minna Bahnson: Oberfohren habe nur den »rein männlichen Standpunkt vertreten«; durch seine »Ausführungen« habe sich »wie ein roter Faden der Gedanke gezogen: Die Frauen dürfen wohl diesen oder jenen Beruf ausüben, aber um Gottes Willen keinen, der gut bezahlt wird (Beifall). Gegen die Beschäftigung der Frauen in Fabriken und schlecht bezahlten Berufen werde nie Front gemacht (Zustimmung). Nur die Führung müsse allemal den Männern bleiben! Was denn der Mann für die eigentliche Kultur getan habe (Lachen!), z.B. für die Bekämpfung der Trinkunsitten, die Abschaffung der Prostitution und der doppelten Moral (Beifall). Der

# FRAUEN-STIMMRECHT!

**Monatshefte des deutschen Verbandes für Frauenstimmrecht**
**Herausgeb. Dr. Anita Augspurg**

Heft 1 und 2 — **Inhalt:** — April/Mai 1912



Preis vierteljährlich M. 1.—, das einzelne Heft 40 Pf.

Verlag von Ernst Reinhardt in München

Zeitschrift für Frauenstimmrecht, Nr. 1/2, April/Mai 1912

Frauenbewegung den Geburtenrückgang in die Schuhe zu schieben, wie der Redner getan habe, sei durchaus falsch, den habe es vorher auch schon gegeben, und am stärksten sei er gerade da, wo keine eigentliche Frauenbewegung existiert ... Die Frauenbewegung trete ein für den Schutz der Frau und Mutter und damit den Schutz der kommenden Generation. (Lebhafter Beifall)«[10] Und Luise Koch, die 1904 den Bremer Stimmrechtsverein gegründet hatte und dessen langjährige Vorsitzende war, spielte auf einen im »Bund« wiederholt zitierten Satz von Goethe an, nach dem bei der Frau »alles Herz sei, selbst der Verstand«[11], und sagte: »Wer die Stellung der Frau in einem Staate kennen lernen wolle, der solle nicht den Dichter fragen, sondern das Gesetz ... (Beifall)«.[12] Auch auf Reichsebene wurde der »Bund« ironisch bis sarkastisch attackiert. Nicht nur die Vertreterinnen der radikalen bürgerlichen Frauenbewegung wie Lida G. Heymann (1868 – 1943) und Marie Stritt (1855 – 1828), selbst eine Gertrud Bäumer (1873 – 1954), die von 1910 bis 1919 Vorsitzende des 1894 gegründeten und moderaten »Bundes Deutscher Frauenvereine« war, »dankte den »Antis« für die ungewollte Reklame. Wie oft haben wir deutschen Frauen mit Neid nach jenen Ländern geblickt, wo der Kampf unserer Schwestern durch ihre vermeintlich ärgsten Feinde die lebhafteste Unterstützung erfuhr ... Jetzt ist es erreicht! Der Anti-Bund ist geboren. Seid uns gegrüßt, Brüder, im Kampf für eine gute Sache!«[13] Auch die liberale Presse verhöhnte den »Bund«: »Wenn man das Programm nachliest, zupft man sich am Oberläppchen und fragt sich: Wo leben die Herrschaften eigentlich ... ?«[14]

## Deutsche Frauen werden Staatsbürgerinnen

Im Jahr 1919 hatten die deutschen Frauen das aktive und passive Wahlrecht nach fast 100 Jahren Kampf endlich errungen: Auf Reichsebene hieß es in der Verfassung von Weimar im Artikel 22: »Die Abgeordneten werden

19. Januar 1919 – Wahl zur verfassungsgebenden Nationalversammlung – Frauen nehmen erstmalig an einer Wahl teil

in allgemeiner, gleicher, unmittelbarer und geheimer Wahl von den über 20 Jahre alten Männern und Frauen nach den Grundsätzen und Verhältniswahl gewählt.«

In Bremen beschloss der Rat der Volksbeauftragten am 28.1.1919 - ähnlich wie in allen Bundestaaten des Reiches das Wahlrecht für Männer und Frauen. Dabei war der Widerstand seitens der Regierung bis zuletzt groß. Noch die Politik der »Neuorientierung« Kaiser Wilhelms II. 1917 wollte zwar die Klassenwahlrechte in den Ländern aufheben, aber das sogenannte »allgemeine« Wahlrecht auf den männlichen Teil der Bevölkerung beschränken. In Bremen konnte noch im Februar 1918 ein parteiloser Abgeordneter - ohne Gefährdung seiner politischen Reputation - darüber schwadronieren, dass die Frauen nicht ins Parlament gehören, denn - so der Abgeordnete - »jedes Wesen ist besonders geartet, und so gut wie der Fisch ins Wasser und die Katze aufs Land paßt, ... (gehört) der Mann ins Parlament und

Wahlplakat der SPD für die Wahlen zur Weimarer Nationalversammlung 1919, gestaltet von Fritz Gottfried Kirchbach (1888–1942)

die Frau ins Haus«,[15] und in der Bürgerschaftssitzung vom 6.11.1918 wurde das »allgemeine Wahlrecht für Männer angenommen, der Antrag der Sozialdemokraten, »das Wahlrecht auf beide Geschlechter auszudehnen«, aber »abgelehnt«.[16] Dass es am 11. November, also fünf Tage später, doch angenommen wurde, ging direkt auf eine Anweisung des Senats, indirekt darauf zurück, dass die revolutionären Ereignisse die amtierende Regierung unter Druck gesetzt hatten und kurz darauf Senat und Bürgschaft dann auch entmachtet wurden.

# 2.8 Misogynie

Als die Neue Frauenbewegung entstand - seit den 1960er Jahren - wurde von »Frauenfeindlichkeit« gesprochen.[1] Seit 2017/18 wechseln die Begriffe »Sexismus« und »Misogynie«.[2]

Das Wort »Sexismus« wurde erstmal 1968 von der US-amerikanischen Autorin Caroline Bird verwendet und setzte sich in der dortigen Frauenbewegung durch.[3] Das Wort »Misogynie« ist dagegen sehr viel älter. Es geht auf das »das altgriechische ... m i s o g y n o s ›Weiberfeind‹« zurück, gebildet aus »m i s e i n ›hassen‹ sowie ... g y n é ›Frau‹ und bezeichnete »in der griechischen Antike ... die in der Philosophie vorherrschende Vorstellung von der ontologischen Minderwertigkeit der Frau«.[4] In beiden Fällen geht es um die Erhaltung »einer patriarchalischen Ordnung«, aber während Misogynie »die allgemeine Funktion hat«, deren »Ideologie zu k o n t r o l l i e r e n und d u r c h z u s e t z e n«, hat der Sexismus die »patriarchalischen Sozialbeziehungen zu r a t i o n a l i s i e r e n und z u r e c h t f e r t i g e n« oder - wie es im selben Zusammenhang heißt: »Sexismus trägt einen Laborkittel, während Misogynie auf Hexenjagt geht«.[5] Außerdem ist der Sexismus-Begriff umfassender als der der Misogynie, insofern als er die von beiden bezeichnete Unterdrückung der Frauen im Patriarchat nicht nur auf die sogenannten cis Frauen, sondern - sich von der heterosexuellen Norm absetzend - auch auf Homo-, Inter- und Transsexuelle als den notorisch »Anderen« bezieht.[6]

Das vorliegende Kapitel konzentriert sich - in Analogie zum Kapitel 1.8 »Antisemitismus« - auf Misogynie, weil es hier wie dort um identische Sujets geht: um jüdische Minderheiten auf der einen Seite und die weibliche Mehrheit der jeweiligen Bevölkerung auf der anderen.

## Misogyne Frauen

Da Misogynie eine gesamtgesellschaftliche Erscheinung ist, die auf ein Jahrtausende herrschendes Unterdrückungssystem zurückgeht, wurde sie auch von ihren Opfern, den Frauen, verinnerlicht, nicht nur gegen andere Frauen, sondern in Gestalt von mangelndem Selbstwertgefühl bis Selbsthass auch gegen sich selbst. Dabei sind besondere Hassobjekte weiblicher Misogynie groteskerweise vor allem Frauen, die gegen ihre Unterdrückung kämpfen. Ein historisches Beispiel sind die deutschen Antifeministinnen, die – wie im vorigen Kapitel gezeigt – ein Viertel der Mitglieder des »Deutschen Bundes zur Bekämpfung der Frauenemanzipation« ausmachten und auch als dessen Rednerinnen auftraten. Beispiele aus dem 21. Jahrhundert sind die vielen US-Amerikanerinnen, die im Wahlkampf für den Präsidentschaftskandidaten Donald Trump eintraten. Obwohl der Kandidat »vor rassistischer und sexistischer Rückständigkeit nur so strotzt«, konnte eine Amerikanerin – und nicht nur sie – »mit einer ›Make America great again‹ -Fahne« in der Hand – dem 70-jährigen Trump zujubeln:« ›Ich liebe diesen Mann‹«[7] Und in Deutschland erfuhr die Bloggerin Anne Wizorek auf ihren Hashtag »Aufschrei«, »in dem Betroffene von ihren Belästigungen und sexuellen übergriffen berichteten, ... nicht nur Mitgefühl und Solidarität, sondern auch heftige Kritik, und zwar häufig von Frauen«. Die Beschwerdeführerinnen »sollten nicht so empfindlich sein, sonst hätten Männer Angst, bei jedem harmlosen Kompliment und jedem unschuldigen Flirt als Sexist beschimpft zu werden«.[8] Zu diesen Frauen sind auch Frauen von der rechtsradikalen »Alternative für Deutschland« (AfD) wie Alice Seidel, Frauke Petry und Beatrix von Storch oder die rechtskonservative Journalistin Birgit Kelle zu zählen, die – obwohl selber öffentlich agierende Frauen – dafür plädieren, dass die Frau zu ihrer Rolle als Hausfrau und Mutter zurückzukehren habe.

Schon Hedwig Dohm (1833–1919), die brillante Schriftstellerin aus dem 19.Jahrhundert, hat unter die vier »Kategorien« von Antifeministen als letzte auch die Frauen gezählt, allerdings weniger die »Mütter, Gattinnen und Hausfrauen«, die »eine gewisse Berechtigung für ihren Standpunkt« hätten - »wir können ihn verstehen« - aber »freidenkende Schriftstellerinnen«: sie seien selbst der »Enge des Hausfrauentums entschlüpft« und »(atmen) im goldenen Licht der Freiheit«. Wenn diese Frauen »sich gegen die Frauen wenden, so machen sie sich einer Undankbarkeit schuldig, da sie doch die Früchte ernten von dem, was jene gesäet«.[9]

## Männergewalt

Der brutalste Ausdruck männlicher Misogynie ist Gewalt gegen die physische Integrität und das Leben weiblicher Menschen, weshalb sie vor allem in Ländern mit patriarchalischen Gesellschaften auftritt. Die türkische »Plattform zur Verhinderung von Frauenmorden« stellte im März 2021 fest, daß es »seit Anfang des Jahres 118 Todesopfer« gegeben habe.[10] Die Organisation »UN WOMAN« kam zur gleichen Zeit zu dem Ergebnis, »dass unter den 25 Ländern mit den höchsten Raten 14 in Lateinamerika und der Karibik liegen«;[11] die Publizistin Maria von Welser beschrieb den »weltweiten Terror gegen Mädchen und Frauen« in Afghanistan, Indien, im Kongo und im Bosnischen Krieg 1992 auf dem Balkan, wo Männergewalt in Form von Massenvergewaltigungen auftrat.[12]

Aber auch in Ländern, in denen Frauen einen relativ hohen Grad von Gleichberechtigung erreicht haben wie Kanada, den USA und Europa, findet Gewalt von Männern gegen Frauen statt. »In den USA werden jährlich 2800-3000 Morde von Männern an Frauen registriert«. Das sind pro Jahr »so viele ... wie am 11. September 2001 beim Anschlag auf das World Trade Center« Menschen nur an einem Tag »ums Leben gebracht wurden«.[13] In der Bundesrepublik »(wird) an jedem dritten Tag ... eine Frau von ihrem Partner oder Ex-Partner getötet, und jeden Tag versucht ein Mann seine

Partnerin oder Expartnerin umzubringen«[14] 1976 fand in Brüssel – analog zum »Vietnam-Tribunal« über die US-amerikanische Kriegsführung – das »Internationale Tribunal zu Gewalt gegen Frauen« statt. Dort wurde von der Soziologin Diane Russel erstmals der Begriff »Femizid« für die »Tötung von Frauen durch Männer verwendet« und begann seitdem »sich zu etablieren und zu popularisieren«;[15] als Kriterium galt Frauenfeindlichkeit. »Weitergehender definierte die UN-Frauensektion, die aus den seit 1975 alle fünf Jahre stattfindenden »UN-Weltfrauenkonferenzen ... hervorging, im Januar 2013 Femizide als Fälle, in denen Menschen aufgrund ihrer sozialen Position getötet werden«. Damit wurden »sexistisch motivierte und patriarchalische Macht- und Herrschaftskonstellationen als verantwortlich für Morde an Frauen im privaten oder öffentlichen Raum« benannt[16] und seitdem über die Täter und deren Motive geforscht. Für die Erklärung häuslicher Gewalt haben die Spiegelredakteurin Laura Backes und die Investigativjournalistin Margherita Bettoni in ihrem 2021 erschienenen Buch »Alle drei Tage. Warum Männer Frauen töten und was wir dagegen tun müssen« geeignete Erkennungsmuster erstellt: »Gewalt in der Beziehung gilt als Risikofaktor für einen Femizid, kontrollierendes Verhalten des (Ex-) Partners bis hin zum Stalking ebenso. Auffallend »sei bei vielen Tätern auch ein regelrechter Besitzanspruch, den sie auf ›ihre‹ Frauen erheben«. Man »wisse schon lange, dass eine Trennung die Gefahr für einen Femizid erhöht«.[17]

Zur Erklärung öffentlicher Gewalt wie vor allem in Kriegen, wo Vergewaltigung von Frauen des Gegners zur bewährten Strategie gehören, nennt der Kulturtheoretiker Klaus Theweleit in seinem Buch »Männerphantasien«, das als Standardwerk der Männerforschung gilt, vorwiegend psychoanalytische Faktoren.[18] Nach seinem Buch »Das Lachen der Täter: Breivik u.a. – Psychogramm der Tötungslust« (St. Pölten 2015) kommen zwei politische Begründungen hinzu: »Erster Grund: die etwa 14000 Jahre unterschiedliche Zurichtung weiblicher und männlicher Kinder- und Erwachsenenkörper in unserer Kultur ... Richtung: körperliche Gewaltausübung und Krieg sind Männersache. Zweite aktuellere Antwort: Das Erleben der Tötungslust bei den Mordexzessen, besonders bei denen in männlichen Gruppen, ist ein Privileg. Tätermänner wollen besonders da, wo Vergewaltigungen zum Gewaltexzess gehören - wie in den jugoslawischen Zerfallskriegen oder beim Mord an Tutsi in Ruanda - keineswegs ihre eigenen Frauen und Töchter als Zeugen dabei haben. Sie wollen heimkehren als siegreiche Kriegshelden, die ihr ›Vaterland‹ oder Ähnliches verteidigt oder befreit haben«.[19]

Die internationale Digitalisierung hat der Männergewalt weiteren Auftrieb gegeben. »Vor allem in den USA und in Kanada, aber auch in anderen westlichen Ländern, organisieren sich Männer in Internetforen, um Gewaltphantasien gegen Frauen auszutauschen und sie in manchen Fällen auch in die Tat umzusetzen«.[20] Das bekannteste Beispiel sind die sogenannten »Isla-Vista«-Morde, die der 22-jährige Student Elliot Rodger im Jahre 2014 auf dem Campus Isla Vista der kalifornischen Universität Santa Barbara verübte. Rodger wollte das Verbindungshaus der Studentinnen stürmen, wobei er ausgerufen haben soll: »Es wird mir großen Spaß machen, euch alle abzuschlachten!«[21] Als es ihm nicht gelang, in das Gebäude einzudringen, erschoss er stattdessen auf dem Campus sechs Menschen und danach sich selbst. Trotzdem wurde er von Gleichgesinnten als »Märtyrer ... oder ›Saint Elliot‹« gefeiert. In Europa bekam der norwegische Attentäter Anders Behring Breivik, der 2011 auf einer Ferieninsel 77 Jugendliche erschossen hatte, eine vergleichbare Funktion. Jedenfalls wurde er für die Attentäter der neuseeländischen Hauptstadt Christchurch - Brenton Tarrent - und der ostdeutschen Stadt Halle - Stephan Balliet - zum Vorbild, allerdings nicht nur für Gewalt gegen Frauen, sondern auch gegen Muslime und Juden gefeiert.

Dass selbst die scheinbar neutrale Umwelt von misogynen Strukturen bestimmt ist, hat die Journalistin Rebecca Endler in ihrem Buch »Das Patriarchat der Dinge - Warum Frauen die Welt nicht passt« erstmalig aufgezeigt.[22] Aber während Männergewalt selbst von AntifeministInnen nicht bestritten und mit zahlreichen internationalen Vereinbarungen angegangen wird[23] - während die Präsenz von Frauen in Politik und Wirtschaft zwar längst nicht der von Männern gleichgekommen, aber relativ verbessert worden ist,[24] lösen Darstellungen zum Ausschluss der Frauen aus der Sprache und aus der »Welt« allgemein heftige Kontroversen bis Ablehnung aus.

## Sprache

Dabei ist der Zusammenhang von Sprache und Geschlecht seit der Antike bekannt. Aristoteles fand, dass das natürliche und grammatische Geschlecht übereinstimmen und stellte »das Männliche«, wie es bewegt und handelt, über das Weibliche, »wie es leidet«. Die Scholastiker des Mittelalters, die Humanisten der Neuzeit setzten die aristotelische Version fort, indem sie »das Genus der Dingnamen ... einerseits auf ein aktives männliches, andererseits auf ein passives weibliches Prinzip« zurückführten und der Kulturphilosoph und Dichter Johann Gottfried Herder (1744 - 1803) schrieb in seiner preisgekrönten »Abhandlung über den Ursprung der Sprache« (1772): »Die Dichtung und die Geschlechtererschaffung der Sprache sind also Interessen der Menschheit und die Genitalien der Rede gleichsam das Mittel ihrer Fortpflanzung«.[25]

Trotzdem lösten die Veröffentlichungen der Linguistinnen Luise Pusch und Senta Trömel-Plötz zur Maskulinität der deutschen Sprache[26] in der herrschenden Sprachwissenschaft so großen Protest aus, dass die beiden Sprachforscherinnen ihre Posten an der Konstanzer Universität aufgeben mussten, während in den USA die Jahrestagungen der »Modern Language Association of Amerika« (MLA) zunehmend frauenrelevante Themen behandelten und sich im Dezember 1987 neun von 16 Großveranstaltungen der allgemeinen Linguistik mit Frauensprache befassten. Der größte Stein des Anstoßes war das »generische Maskulinum«, nach dem »die männliche Form eines Nomens ... Pronomens oder Adjektivs sowohl das reine Maskulinum ... als auch alle Menschen umfasst.[27]

Als kleiner Stein kam die linguistische Standardgruppierung hinzu, nach der - abgesehen von Höflichkeitsfloskeln und Wahlkampfreden - von »Adam und Eva im Paradies« über die »Männer und Frauen« des Grundgesetzes bis zu so aufschlussreichen Hierarchien wie »Herr und Hund« oder »Mann und Maus« - das jeweils bedeutendere Referenzobjekt dem weniger bedeutenden vorangestellt wird, darüber hinaus werden in Kalauern bzw. Wortspielen Frauen lächerlich gemacht; so erinnerte sich Luise Pusch, dass »mann mir (schon als Kind) erklärte, Herren seien herrlich, und Damen dämlich«.[28] Dass selbst unverdächtige Redensarten dieselbe Wirkung haben können, wird deutlich, wenn plurale Formen wie »Säue«, vor die »man keine Perlen werfen« soll, aus dem Femininum ins Maskulinum übertragen werden. Entsprechend kann sich die sprachsensible Frau in ihrer eigenen Sprache nicht wiederfinden, geschweige denn mit ihr identifizieren. Denn, wie schon der griechische Philosoph Sokrates (490 - 399 v. Chr.) erkannte, dass nämlich, »wer in der Sprache nicht vorkomme, dies auch im Bewußtsein nicht tue«.[29]

Inzwischen liegen auf regionaler, nationaler und europäischer Ebene mehrere Runderlasse, sogar Gesetze vor, die Vorschläge zur Verbesserung weiblicher Präsenz in der Sprache enthalten (z.B. zwei Runderlasse des Bundesministeriums des Innern (BMI) von 1955 und 1971, nach denen es »an der Zeit« sei, »der Gleichstellung von Mann und Frau und dem zeitgemäßen Selbstverständnis der Frau in ihrer Stellung in der Gesellschaft, Rechnung zu tragen« (Runderlass 1971). Das EG-Anpassungsgesetz »Über die Gleichbehandlung von Männern und Frauen am Arbeitsplatz« vom 3. September 1980 verpflichtete »Arbeitgeber ... einen Arbeitsplatz weder öffentlich noch innerhalb des Betriebes nur für Männer oder nur für Frauen aus (zu) schreiben«[30]

Die Versammlung von ost- und westdeutschen Frauen, die September 1990 in Frankfurter Paulskirche stattfand, schlug sogar vor, die geplante neue deutsche Verfassung sprachlich am Gleichberechtigungsgrundsatz Art.

3,2 des Bonner Grundgesetzes zu orientieren bzw. das generische Maskulinum aufzuheben und die bisherige Standardgruppierung umzukehren. So sollte der Artikel 62 GG - »Die Bundesregierung besteht aus dem Bundeskanzler und aus den Bundesministern« - in einer gesamtdeutschen Verfassung lauten: »Die Bundesregierung besteht aus der Bundeskanzlerin oder dem Bundeskanzler und den Bundesministerien, die mindesten zur Hälfte von Frauen geleitet werden.[31]

## Kleidung

In ihrem Buch »Das Patriarchat der Dinge« kommt die Journalistin Rebecca Endler zu dem provozierenden Ergebnis, dass nicht nur die Sprache, sondern die ganze »Welt Frauen nicht passt«.[32] Inzwischen muss eine Frau - wie nach 1969 die Bundestagsabgeordnete Lenelotte von Bothmer - das »Hohe Haus« zwar nicht mehr verlassen, weil sie einen Hosenanzug trägt[33] - trotzdem hat Rebecca Endler noch zahlreiche Beispiele für genderkonforme Kleidung ausmachen können. Das fängt an mit der Farbe »Rosa« für weibliche Babys, kleine Mädchen und Schuhe für Fußballerinnen bis zur Farbe »Frozen Berry« für den ersten »Frauenporsche«, setzt sich fort mit den Taschen, die Jeansjacken und -Hosen für Frauen anders als denen für Männer - fehlen; dabei »bedeuten (Taschen) eine Form von Unabhängigkeit«[34]. Schutzkleidung und Amtstrachten können sogar zum Hindernis werden, so bei der Berufsbekleidung von »Mitarbeiterinnen der britischen Küstenwache«. Sie müssen »täglich an fünf Tagen die Woche beim Pinkeln den Overall ablegen ... ein sehr zeitraubendes Unterfangen ... Ähnlich sieht es (bei) Sichtschutzwesten und schusssicheren Westen aus«, die an Männermaßen orientiert sind und damit die weibliche Anatomie ignorieren. Die mangelhafte Ausrüstung von Polizistinnen und Feuerwehrfrauen hat auch Folgen für die Einstellungspolitik. »Studien haben gezeigt, dass die Hemmungen, mehr Frauen einzustellen, wachsen, je größer die Hürde ist, sie auch mit passenden Ausrüstungen auszustatten« (Endler, a.a.O., S. 166). Hätte Rebecca Endler ihr Buch nicht schon Anfang 2021 in der Hand gehabt, wäre sie mit Sicherheit auf den Protest der norwegischen Beachhandballerinnen im Sommer desselben Jahres gegen »die sexistischen Regeln zu ihrer ›Uniform‹« eingegangen. Die Frauen hatten sich geweigert, in knappen Bikini-Hosen zu spielen und verlangt, Sporthosen wie ihre männlichen Kollegen zu tragen. Der zuständige Verband verhängte daraufhin gegen die Handballerinnen eine Geldstrafe von 1.500,00 Euro.[35]

## Toiletten

In den 1980er Jahren verfasste die Kieler Industriedesignerin Bettina Möhring ihre Promotion zur Geschichte der öffentlichen Toilette und schlug als Lösung »Urinale für Frauen« vor. Anlass, besser Ursache für das Thema war die Feststellung, dass die Öffentlichkeit für die Männer mit den sogenannten »Pissoirs« zahlreiche »Pinkelmöglichkeiten« bereithält, während Frauen auf die weniger zahlreichen WCs für Damen, Woman oder einfach Frauen angewiesen sind.

30 Jahre darauf stellte die Mexikanerin Elisa Otanez in ihrer Masterarbeit in Sozial Design »ein mobiles Urinal, speziell für die Bedürfnisse der Frau entwickelt«, den sogenannten »Yellow Spot«. Er »besteht aus einer Kombination von Kanister und Trichter, über den Frau sich hocken und ihre Blase entleeren kann, geschützt durch eine leuchtend gelbe Lastwagenplane, die sich wie eine Duschkabine um die Konstruktion schließt«, was allerdings keine Lösung sein, sondern die allgemeine »Aufmerksamkeit auf das Thema der ungerecht verteilten Pinkelmöglichkeiten lenken« sollte.[36] Die kommunalen Entscheidungsträger griffen den Vorschlag, den Bettina

Möhring in ihrer preisgekrönten Arbeit gemacht hatte, nicht auf, noch ließen sie sich von der Provokation der Mexikanerin zu eigenen Lösungen anregen. Im Gegenteil: als die niederländische Studentin Geerte Piening sich nach einer abendlichen Geselligkeit auf den nächtlichen Heimweg in zunehmender Not zum »Wildpinkeln« entschloss und dabei von der Polizei erwischt wurde, sich aber weigerte, »das Bußgeld von 140 Euro plus 9 Euro Beratungsgebühr« zu zahlen, kam es zur Gerichtsverhandlung. »Die Tatsache, dass keine einzige Toilette für Frauen in einem vergleichbaren Umkreis auffindbar war, interessierte dabei nicht. Stattdessen sagte der Richter, dass er in seiner beruflichen Laufbahn noch nie auf eine Frau getroffen sei, die beim Wildpinkeln erwischt worden war, woraus er ableitete, dass es keine Notwendigkeit für mehr Frauentoiletten in der Öffentlichkeit gebe«. Außerdem – so der Richter – möge es »›zwar unbequem sein ... Frauen jedoch die Urinale der Männer mitbenutzen‹ sollten«.[37] Interessanterweise hatten in den USA größere Firmen wie die Fordwerke schon in den 1930er Jahren »speziell für Frauen gestaltete Urinale eingebaut, sogenannte Femurinals«.[38] Denn es galt, »die Arbeitszeit vor Ort zu optimieren, und das hieß nicht nur ausreichend Toiletten zur Verfügung zu stellen, sondern den Gang dorthin auch so kurz wie möglich zu gestalten«.[39] Ein Blick über den europäischen Tellerrand hinaus zeigt, dass die Erreichbarkeit von Toiletten für Frauen und Mädchen eine Frage physischer Integrität sein kann. Weltweit haben jede dritte Frau und jedes dritte Mädchen keinen Zugang zu einer sicheren Toilette. Die Suche nach einem geschützten Platz macht sie angreifbar vor allem für sexuelle Gewalt. »Indien schneidet dabei im weltweiten Vergleich besonders schlecht ab. Eine Studie von 2016 ergab, dass Frauen ohne öffentlichen Toilettenzugang doppelt so häufig Opfer sexueller Gewalt werden, die nicht vom eigenen Partner ausgeht, wie Frauen mit Klo«.[40] Vor diesem Hintergrund ist die Meinung der Journalistin, dass »gleichberechtigtes Pinkeln ... ein Menschenrecht« sei,[41] weniger grotesk, als sie zunächst erscheinen mag.

## Medizin

Auch in der Medizin kann der männliche Maßstab für Frauen existentielle Folgen haben.

Das zeigt der Umgang mit der Krankheit »Herzinfarkt«. Nach herrschender Meinung »erleiden (Männer) zwei Drittel aller tödlichen Herzinfarkte. Aber - so Rebecca Endler - »die Wahrscheinlichkeit ..., daran zu sterben, ist in der Altersgruppe unter 50 Jahren für eine cis Frau mehr als doppelt so hoch wie für einen cis Mann.[42] Gründe für diesen Unterschied zwischen Meinung und Realität seien die Andersartigkeit der Symptome bzw. die Tatsache, dass Frauen vor dem Infarkt nicht die gezeigt hätten, die für männliche Patienten typisch sind. »Eine Studie, die die Behandlung von Patientinnen nach einer Koronaarterien - Bypass Operation (Herz-OP) untersucht hat, kommt zu dem Ergebnis, dass über Schmerzen klagende Männer Schmerzmittel erhielten, während über Schmerzen klagende Frauen Beruhigungsmittel bekamen. Die Frauen wurden also behandelt, ... als läge der Beschwerde ein psychisches Problem zugrunde.[43] Die Medizin, schreibt Rebecca Endler, vor allem »unsere westliche ... ist - mit Ausnahme der Gynäkologie - auf den cis Mann geeicht. Sie ging lange Zeit davon aus, dass Mann und Frau innendrin identisch sein müssten, bis auf die Klitzekleinigkeit der reproduktiven Organe natürlich«.[44] So wurden »gesetzlich empfohlene Medikamente ... ausschließlich an cis Männern getestet«. Das galt auch für Tierexperimente. »Laut einer Studie von 2007 werden in knapp 90 Prozent der Medikamentenstudien die Wirkstoffe ausschließlich an männlichen Mäusen und Ratten« untersucht.[45] Auch scheint das Geschlecht der behandelnden Fachkraft eine Rolle zu spielen. Jedenfalls wurde in einer »Studie von 2018 ... festgestellt, dass die Wahrscheinlichkeit, als Frau einen Herzinfarkt zu überleben, höher ist, »wenn die Behandlung im Krankenhaus durch eine Ärztin statt durch einen Arzt erfolgt«.[46] Sicher ist auch, dass der Geschlechtsunterschied und seine Folgen in der Forschung kaum eine

Rolle spielen. Gleiches gilt für die medizinische Ausbildung. Folglich zeigt die Pharmaindustrie an der Lösung dieses Problems kein Interesse bzw. dagegen sogar »Widerstand«.[47]

Aber inzwischen tut sich etwas.

2003 wurde von der Forscherin Vera Regitz-Zagrosek das erste und in Deutschland bisher einzige Institut für Gendermedizin gegründet (GiM, Gender in Medicine). Es »befindet sich an der Charite in Berlin, beschäftigt knapp 10 Leute auf einer Etage« und wird heute von der Medizinerin Gertraud Stadler geleitet«.[48]

## 3. Antisemitismus und Misogynie als demokratiefeindliche Strategien

Antisemitismus ist seit längerem, Misogynie erst zu Beginn des 21. Jahrhunderts zum Gegenstand wissenschaftlicher und politischer Diskussion geworden. Dabei stehen beide spätestens seit der preußisch-deutschen Erhebung 1813/14 gegen die napoleonischen Eroberungszüge im Zusammenhang.

In der »Deutschen Tischgesellschaft«, die 1811 in Berlin gegründet wurde und bis 1834 bestand, kam er darin zum Ausdruck, dass Juden - geborene wie konvertierte - und Frauen grundsätzlich von einer Mitgliedschaft ausgeschlossen waren (vgl. Kapitel 1.6). Der Ausschluss von Frauen war eine Reaktion auf die zahlreichen Salons, die gebildete Jüdinnen ins Leben gerufen hatten. Außerdem lehnte die »Tischgesellschaft« die darin gepflegte Geselligkeit - unabhängig von Geschlechts-, sozialer und religiöser Zugehörigkeit - ab. Mit dem Ausschluss von Juden reagierte die »Gesellschaft« auf die Emanzipationsgesetze, die männliche Juden zu gleichberechtigten Staatsbürgern machte, in Preußen das Judenedikt von 1812.

War Antisemitismus zunächst der entscheidende Ausschlussgrund, dann nahm Misogynie in den Vereinen der Kaiserzeit an Bedeutung zu, und zwar dadurch, dass inzwischen eine Frauenbewegung entstanden war, die - wie zuerst die Frauen der französischen Revolution 1789 - ihre Forderung nach Gleichberechtigung nicht mehr auf den gesellschaftlichen Bereich beschränkte, sondern auch auf Erwerbstätigkeit und Politik bezog. Damit war für ihre Gegner die Gefahr verbunden, dass sie die ihnen zugeschriebenen Aufgaben als Ehefrauen und Mütter vernachlässigten, im schlimmsten Fall sogar aufgaben.

Vereine, die sich als ebenso antisemitistisch wie misogyn erwiesen, waren vor allem die »Deutsche Turnerschaft« von 1868 und der »Deutschnationale Handlungsgehilfenverband« (DHV), der 1893 gegründet wurde. Während die »Turnerschaft« sich allmählich auch für Frauen öffnete, obwohl sie in der Turnerin eine Gefahr für das Ideal der »ergebene(n) Gattin und duldende(n) Mutter« sah, der »Hüterin des stillen Heims«,[1] blieb ihnen der »Handlungsgehilfenverband«, der die »weibliche ›Schmutzkonkurrenz‹« fürchtete, von Anfang an verschlossen.[2] Das galt in beiden Vereinen ebenso für Juden.

Den Geist bzw. Ungeist dieser oder ähnlicher Vereine der Kaiserzeit hat die Historikerin Shulamit Volkov folgendermaßen auf den Punkt gebracht: »Das Deutschtum war ein Kult der Männlichkeit ... Den Frauen, so hieß es, fehlten wie den Juden das erforderliche ethische Bewusstsein und der moralische Ernst ... Antisemitismus und Antifeminismus gingen im deutschen Kaiserreich fast zwangsläufig Hand in Hand« und »waren integrierender Bestandteil jener anti-emanzipatorischen Kultur, die bei der Mehrheit der Deutschen in der Vorkriegszeit verbreitet war«.[3]

In der Weimarer Zeit kam diese »Kultur« im Kampf gegen die um sich greifende Haarmode des »Bubikopfes« zum Ausdruck, die bezeichnenderweise auch »Judenkopf« genannt wurde und dem der »Bundesturnzeitung« (BTZ), dem Verbandsorgan aller deutschen Turnvereine, »das lange blonde Haar« als »die naturgegebene Zier jeder germanischen Frau« gegenübergehalten wurde: »Mit dem Bubikopf entledige sich ... die Turnerin neben

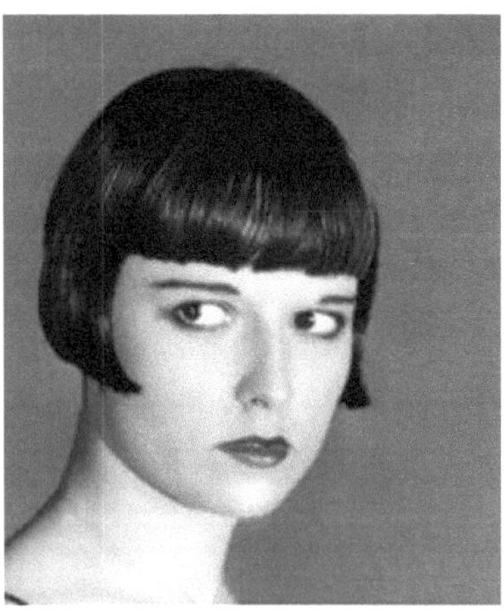

Bubikopf-Frisur der 1920er Jahre

»Arische« Frau und jüdischer Mann als Opfer rassischer Gesetze (Foto, um 1935)

dem deutschen Wesen auch ihres weiblichen Geschlechts« und: Die Bubikopfträgerinnen gäben »die Freiheit des Geistes auf ..., um ›Knechte Judas‹ zu werden ... Marionetten in jüdischen Händen«[4]

Der Nationalsozialismus konnte an die Tradition völkischer Ideologie relativ nahtlos anknüpfen. Hitler hat in seinem Buch »Mein Kampf«, das 1925 veröffentlicht und nach der Machtergreifung 1933 jedem Ehepaar übergeben wurde, zwar relativ wenig über Frauen geschrieben, aber das wenige war umso diktatorischer.

Die »Ehe«, heißt es im Kapitel über die »Ursachen des Zusammenbruchs«, »könne nicht Selbstzweck sein«, sondern »müsse der Vermehrung und Erhaltung der Art und Rasse dienen«,[5] und im Kapitel »Der Staat« war zu lesen, »dass das Z i e l der weiblichen Erziehung ... unverrückbar die kommende Mutter zu sein« habe.[6] Entsprechend wurde »das deutsche Mädchen

... mit ihrer Verheiratung erst Bürgerin«,[7] allerdings nicht Staatsbürgerin, denn das passive Wahlrecht wurde ihr – ob verheiratet oder nicht – 1933 entzogen. Im selben Jahr wurde mit dem sogenannten »Ehestandsdarlehen«, das Ehepaaren unter der Voraussetzung auszuzahlen war, dass die Ehefrau ihre Erwerbstätigkeit aufgab, die Anschaffung eines Hausstandes erleichtert; die 500 bis 1000 Reichsmark konnten mit jedem geborenen Kind zurückgezahlt bzw. – wie es im Volksmunds hieß – »abgekindert« werden. Dem gleichen Zweck dienten der geschlechtsspezifische Numerus clausus, nach dem ab 1935 nur 10% der Studenten Studentinnen sein durften, und 1936 Anwältinnen und Richterinnen ihre Ämter aufgeben mussten. Für die »Rassereinheit« deutscher Ehen sorgte dann das »Blutschutzgesetz« von 1935, das Ehen zwischen »arischen und jüdischen Deutschen« unter Strafe stellte. Außerdem wurde »außerehelicher Verkehr zwischen Juden und Staatsangehörigen deutschen oder artverwandten Blutes ... verboten« (§2). Ausdruck dieser Entmündigung war die öffentliche Demütigung deutscher Frauen als »Judenhuren«; jüdische Männer wurden wegen »Rassenschande« zu Zuchthausstrafen verurteilt.[8]

## Bundesrepublik Deutschland

In der BRD – vor allem der nach der sogenannten Wiedervereinigung[9] – gab es den historischen Zusammenhang zwischen Antisemitismus und Misogynie nicht mehr.

Das ging darauf zurück, dass der Antisemitismus – anders als im NS-Staat – nicht von einer Partei, sondern von zahlreichen antisemitischen Organisationen und Parteien verfochten wurde, zuerst der »Aktionsfront Nationaler Sozialisten« (ANS) 1977, dann der »Freiheitlich(en) Deutsche(n) Arbeiterpartei« (1979), den »Republikaner(n)« (REP) 1983, der »Deutschen Volksunion« (DVU) 1987 bis zur 2015 gegründeten »Alternative für

Deutschland (AFD), die vor dem Hintergrund der Flüchtlingskrise entstand und besonders in Ostdeutschland Unterstützung fand.

Ein weiterer Grund waren die Auseinandersetzungen über den Begriff »Antisemitismus«.

Die »International Holocaust Rembrance Alliance« (IHRA) verabschiedete 2016 ein Dokument, das den Begriff des »Israelbezogenen Antisemitismus« formulierte, mit dem die israelische Besatzung palästinensischer Gebiete seit 1967 kritisiert wird. 2021 wurde die »Jerusalemer Erklärung zum Antisemitismus« (JEH) von zahlreichen überwiegend jüdischen Wissenschaftler/innen unterschrieben. Danach wird unter Antisemitismus »Diskriminierung, Vorurteil, Feindseligkeit oder Gewalt gegen Jüdinnen und Juden a l s Jüdinnen und Juden (oder jüdischen Einrichtungen a l s jüdischen) verstanden«. Der Wissenschaftler Peter Ullrich, der am Zentrum für Antisemitismusforschung der Technischen Universität in Berlin arbeitet, hält die »Jerusalemer Erklärung für einen »Fortschritt«, »eine allgemein verbindliche Definition von Antisemitismus« aber für »unrealistisch«.[10] Unabhängig von den dargestellten Kontroversen hat die öffentliche Diskriminierung jüdischer Schüler/innen, die Ermordung jüdischer Menschen bis zu den Anschlägen auf Synagogen, zuletzt in Halle, auf erschreckende Weise zugenommen.

Misogynie kommt – anders als Antisemitismus – nicht in eigenen Organisationen, geschweige denn Parteien, daher. Seit den 1990er Jahren formiert sie sich in »dezidiert antifeministischen Gruppierungen ... unter dem Banner der ›Männerbewegung‹ ... als Gegenbewegung zum Feminismus«. Nach ihrer Argumentation, besser: Ideologie, ist »die Gleichstellung von Mann und Frau längst erreicht und das Verhältnis habe sich sogar umgekehrt«. Frauen genössen inzwischen mehr Rechte als Männer, »die wahren Unterdrücker seien nun die Frauen«.[11] Diese Bewegung hat »sich vor allem seit der ersten Dekade des 21. Jahrhunderts online entwickelt« und ist »aufgrund der Anonymität im Internet um einiges extremer als die analogen Vorgänger, hasserfüllter, chauvinistischer« und auch »rechtsgerichteter«

geworden;[12] letzteres kommt in der Ideologie rechtsradikaler Formationen zum Ausdruck; sie werden zwar auch von Frauen unterstützt, aber ihre Mitglieder sind allenfalls zu 15% weiblich und sie werden auch überwiegend von Männern gewählt bzw. unterstützt.

## Demokratiefeindlichkeit

Gemeinsam ist beiden Strategien ihre grundsätzliche Distanz, wenn nicht gar Ablehnung der Demokratie. Dabei fällt auf, dass misogyne Politiken gegen zahlreiche Artikel des Grundgesetzes verstoßen, vor allem den Gleichberechtigungsgrundsatz (GG Art. 3,2), nach dem »Männer und Frauen ... gleichberechtigt (sind)« und »der Staat« - nach der novellierten Fassung von 1990 - »die tatsächliche Durchsetzung der Gleichberechtigung« fördern und »auf die Beseitigung bestehender Nachteile hin« wirken muss. Dagegen verletzten antisemitistische Parteien relevante GG-Artikel allenfalls indirekt, so den Artikel, in dem der Begriff des Deutschen definiert wird (GG Art.116 (1), (2). Denn danach wird die »deutsche Staatsangehörigkeit« ausdrücklich auch denjenigen garantiert, denen sie »zwischen dem 30. Januar 1933 und 8. Mai 1945 entzogen worden ist«, also den damals ausgebürgerten deutschen Juden. Darüber hinaus hat sich die Bundesrepublik die Erhaltung des 1948 gegründeten Staates Israel zur dauernden Aufgabe gemacht und unterstützt innenpolitisch die meisten Formen deutscher Erinnerungskultur an Verfolgung und Holocaust.

Trotz der dargestellten Unterschiede können heute antisemitische und misogyne Strategien nur dadurch bekämpft werden, dass sich Männer und Frauen - individuell wie kollektiv - für Grundrechte, Vielfältigkeit und Humanität einsetzen.

# 4. Literatur, Quellen und Medien

Allgemeine Deutsche Biographie, Leipzig 1877

Arndt, Susan: Sexismus - Geschichte einer Unterdrückung, München 2020

Bail, Ulrike u.a. (Hrsg.): Bibel in gerechter Sprache, Gütersloh 2 2006

Baroja, Julio Caro: Die Hexen und ihre Welt (1961); Stuttgart 1967

Behringer, Wolfgang: Hexen - Glaube, Verfolgung, Vermarktung, München 7 2020

Die Bibel - Nach Martin Luthers Übersetzung (revidiert 2017) mit Apokryphen, Stuttgart 2017

Bodmer, Lenelotte von: Aus den Dienstjahren einer Hinterbänklerin, Hamburg o. J.

Bornemann, Ernest: Das Patriarchat: Ursprung und Zukunft unseres Gesellschaftssystems, Frankfurt am Main 1975

Boussel, Patrice: Leonardo da Vinci: Leben und Werk; Stuttgart 1989

Brockhaus-Enzyklopädie, Leipzig/Mannheim 2006 (Bd.14)

Bulle »Cum nimis absurdum ...« https://wikipedia.org/wiki/Cum nimis absurdum (Zugriff: 09.2020)

Bühl, Achim: Antisemitismus - Geschichte und Strukturen von der Antike bis 1848, Wiesbaden 2019

Bühl, Achim: Antisemitismus - Geschichte und Strukturen von 1848 bis heute, Wiesbaden 2020

Bürgerliches Gesetzbuch (BGB) München 88 2021

Coler, Ricardo: Eine Reise ins Matriarchat - Das Paradies ist weiblich (2005), Berlin 2 2011

Dithmar, Reinhard: Der »Verräter« Judas in der Bibel, Dichtung und Bildender Kunst, Ludwigsfelde 2003

Dobrinski, Matthias: »Sündenfälle«, in: Süddt. Zeitung 1./2.08.2015

Dohm, Christian Wilhelm: Über die bürgerliche Verbesserung der Juden (1781) – Text- und Kommentarband, Göttingen 2015

Dohm, Hedwig. Die Antifeministen, (Berlin 1902), Frankfurt am Main o. J. (Reprint)

Dölemeyer, Barbara: Frau und Familie im Privatrecht des 19. Jahrhunderts; in Gerhard, Ute (Hrsg.): Frauen in der Geschichte des Rechts, München 1997

Dünnebier; Anna/Scheu, Ursula: Die Rebellion ist eine Frau – Anita Augsburg und Lida G. Heymann, München 2006

Eco, Umberto: Der ewige Faschismus (2018, 2019) München 2020

Endler; Rebekka: das Patriarchat der Dinge – warum die Welt Frauen nicht passt, Köln 2 2021

Eisenmenger, Johann Andreas (Hrsg. Frans Xaver Schiefer): Entdecktes Judentum (1700, 1711), Dresden 1893

Engels, Friedrich: Ursprung der Familie, des Privateigentums und des Staates, 1884

Encyklopädie Judaica 2 2007

Erikson, Trond Berg u.a.: Judenhass – Die Geschichte des Antisemitismus von der Antike bis zur Gegenwart, Göttingen 2019

Flexner, Eleanor: Hundert Jahre Kampf – Die Geschichte der Frauenrechtsbewegung in den Vereinigten Staaten, Frankfurt am Main 1978

Franz, Gunther (Hrsg.): Friedrich von Spee – Dichter, Seelsorger, Bekämpfer des Hexenwahns – Katalog der Ausstellung in Düsseldorf 1991, Trier 1991

Frauen & Geschichte Baden-Württemberg e.V. (Hrsg.): Antisemitismus, Antifeminismus, Ausgrenzungsstrategien im 19/20. Jahrhundert, Roßdorf 2019

Gerhard, Ute: Verhältnisse und Verhinderungen, Frauenarbeit, Familie und Rechte der Frauen im 19. Jahrhundert, Frankfurt am Main 1978

Dies.: UNERHÖRT - Die Geschichte der deutschen Frauenbewegung, Hamburg 1994

Gerhard, Ute/Hannover-Drück, Elisabeth/Schmitter, Romina (Hrsg.): »Dem Reich der Freiheit werb' ich Bürgerinnen« - Die Frauen-Zeitung von Louise Otto, Frankfurt am Main 1979

Gössmann, Elisabeth: Frauentradition im Christentum in ihrer Relevanz für die heutige feministische Theologie und ihre kirchliche Einschätzung; in: Jahrbuch der Europäischen Gesellschaft für theologische Forschung von Frauen, Mainz/Kampen (zit. Schüngel-Straumann)

Göttner-Abendroth, Heide: Die Göttin und ihr Heros – Die matriarchalen Religionen in Mythen, Märchen und Dichtung, Stuttgart 2011

Greenblatt, Stephen: Die Geschichte von Adam und Eva – Der mächtigste Mythos der Menschheit; München 2018

Haas, Volkert: Babylonischer Liebesgarten – Erotik und Sexualität, München 1999

Heine, Heinrich: Ausgewählte Werke, Berlin/Weimar 1991 (Bd.2)

Hertz, Deborah: Die jüdischen Salons im alten Berlin (Yale University 1988), Hamburg 2018

Hetscher, Iris: Eingeschlossen, ausgeschlossen – die Künstlerin Sabine Emmerich befasst sich im Gerhard-Marcks-Haus mit Ganzkörperverschleierung; Weser-Kurier 6.07.2019

Hyden- Rynsch; Verena von: Europäische Salons; Hamburg 1995

Hippel, Theodor Gottlieb von: Über die bürgerliche Verbesserung der Weiber (1792), Frankfurt am Main 1977

Horckheimer, Max/Adorno, Theodor W.: Dialektik der Aufklärung (1944), Frankfurt am Main 24 2019

Huber, Ernst Rudolf (Hrsg.): Dokumente zur deutschen Verfassungsgeschichte Bd.1 (1803 – 1850), Stuttgart, Berlin, Köln, Mainz 31978

Jannsen_Jurreit, Marielouise: Sexismus; München/Wien 1977

Jäger, Michael: Bach wäre das egal; in: der Freitag 19.09.2019

Jüdisches Lexikon, Königstein/Taunus 1982, 4 Bände

Kaiser, Susanne: Politische Männlichkeit, Berlin 2 2021

Kießling, Rolf: Jüdische Geschichte in Bayern – Von den Anfängen bis zur Gegenwart, Berlin/Boston 2019

Klemperer, Victor: Ich will Zeugnis ablegen bis zum letzten – Tagebücher 1933 – 1941, 1942- 1945, Berlin 2015

Koch, Elisabeth: Die Frau im Recht der Frühen Neuzeit. Juristische Lehren und Begründungen. In: Gerhard, Ute (Hrsg.): Frauen in der Geschichte des Rechts – Von der frühen Neuzeit bis zur Gegenwart, München 1997

Koch, Jens: Johann Andreas Eisenmenger, sein Werk und seine Wirkung, Braunschweig 1997 (unveröff. Typoskript)

Kogon, Eugen: Der SS-Statt – Das System der deutschen Konzentrationslager (1946), München 47 1974

Konrad, Sandra: Das beherrschte Geschlecht – warum sie will, was er will, München 2018

Lange, Helene/Bäumer, Gertrud (Hrsg.): Handbuch der Frauenbewegung Teil I (1901), Basel 1980 (Reprint)

Lapide, Pinchas: Ist die Bibel richtig übersetzt? (2 Bde.) Bd.2, Gütersloh $^{2}$1996

Lerner, Gerda: Die Entstehung des Patriarchats (1986) Frankfurt am Main/ New York 1991

Manne, Kate: Down Girl – Die Logik der Misogynie, Berlin 2019

D. Martin Luthers Werke, Weimarer Ausgabe (WA) Bd.53

Mayer, Hans: Außenseiter (1971), Frankfurt am Main 1981

Mommsen, Hans: Das NS-Regime und die Auslöschung des Judentums in Europa, Göttingen 2 2014

Morgenstern, Matthias (Hrsg.): Martin Luther - von den Juden und ihren Lügen, Berlin o. J. (2016)

Nienhaus, Stefan (Hrsg.): Ludwig Achim von Arnim - Texte der Deutschen Tischgesellschaft, Tübingen 2008

Nixey, Catherine: Heiliger Zorn - Wie die frühen Christen die Antike zerstörten, München 2019

Ong, Walter J.: Oralität und Literalität - Die Technologisierung des Wortes, Opladen 1987

Patou-Mathis, Marylene: »L'homme prehistorique est aussi une femme«, Le Monde diplomatique

Peters, Rolf-Herbert: Maria, hilf!, in Stern 10.10.2019

Protokoll der Wannseekonferenz 20.01.1942; https://www.ghwk.de/de/konferenz (Zugriff 30.09.2020)

Pusch, Luise: Das Deutsche als Männersprache, Frankfurt am Main 1984

Raming, Ida: Der Ausschluss der Frau vom priesterlichen Amt - gottgewollte Tradition oder Diskriminierung? Köln/Wien 1973

Ranke-Heinemann, Uta: Nein und Amen, Anleitung zum Glaubenszweifel, München 11 1992

Ratsakten der Stadt Kelheim: Absoluta Generalia circa Confessionem veneficarum, o.J.

Roper, Lyndal: Luther - Der Mensch Martin Luther (London 2016), Frankfurt am Main 2018

Sallenberger, Walther: Das Gilgamesch-Epos - Mythos, Werk und Tradition, München 2013

Savramis, Demosthenes: Das sogenannte schwache Geschlecht, München 1972

Schipper, Mineke: »Eine gute Frau hat keinen Kopf« - Europäische Sprichwörter über Frauen« (1993), München 1996

Schmitter, Romina: Bin ich gleichberechtigt? - Historischer Streifzug zu einem aktuellen Problem, Bremen 2018

Dies.: Prostitution - Das älteste Gewerbe der Welt? Fragen der Gegenwart an die Geschichte, Oldenburg 2 2007
Scholler; Heinrich (Hrsg.): Die Grundrechtsdiskussion in der Paulskirche - eine Dokumentation, Darmstadt 2 1982
Schröder; Hannelore: Die Frau ist frei geboren - Texte zur Frauenemanzipation, Bd. I 1789-1870, München 1979
Schubert, Kurt: Jüdische Geschichte 8 2017
Schüngel-Straumann, Helen: Eva - Die erste Frau der Bibel: Ursache allen Übels? Paderborn 2014
Serup, Bilfeldt, Kirsten: Die dunkle Seite der Reformation, DLF 8.01.2016
Spee, Friedrich von: Cautio criminalis (Rechtliches Bedenken wegen der Hexenprozesse, (1631), München 1982
Sprenger, Jakob/ Institoris, Heinrich: Der Hexenhammer (Malleus Maleficarum) Straßburg 1487; 1906 aus dem Lateinischen ins Deutsche übersetzt und eingeleitet von J.W.R. Schmidt, München 3 1985
Stopczyk, Annegret: Was Philosophen über Frauen denken, München 1980
Theweleit; Klaus: Männerphantasien, Frankfurt am Main/Basel 1977/78
Thieme-Becker: Kunstlexikon (1907/1908), Leipzig 1999
Thomas von Aquin: Summa Theologica. Vollständige, ungekürzte deutsch-lateinische Ausgabe (Hrsg. Albertus-Magnus-Akademie bei Köln), Heidelberg Graz Wien Köln 1941
Thies, Heinrich: Die Schwester des Verfemten, https://de.wikipedia. org/wiki/elfriede-scholz (Zugriff 02.2020)
Thies, Jochen: Evian 1938 - Als die Welt die Juden verriet, Essen 4 2018
Trömel-Plötz, Senta: Frauensprache in unserer Welt der Männer, Konstanz 1979
Weber, Marianne: Ehefrau und Mutter in der Rechtsentwicklung (1907), Aalen 1971

Weisenborn, Günther (Hrsg.): Der lautlose Aufstand - Bericht über die Widerstandsbewegung des deutschen Volkes - 1933 - 1945 (1952), Frankfurt am Main 4 1974

Wiemann, Elsbeth: Der Herrenberger Altar von Jerg Ratgeb, München 2013

Bremer Lehrerzeitung (BLZ)

Bremer Nachrichten

Deutschlandfunk (DLF)

der Freitag

feministische studien, Berlin

National Geographic

Süddeutsche Zeitung

Die Tageszeitung (taz)

Le Monde diplomatique

Die Welt, 28.10.2016

Weser-Kurier

Die Zeit

# 5. Anmerkungen

## Einige Worte vorweg ...

1 Z.B. Fischer, Gudrun (Hrsg.): Darwins Schwestern – Porträts von Naturforscherinnen und Biologinnen, Berlin 2009; Weisbach, Margot: Die Töchter Nobels – Eine Studie über das Leben der Preisträgerinnen, Lünen: Wuth 1990; Krichbaum, Jörg/Zondergeld, Rein A.: Künstlerinnen von der Antike bis zur Gegenwart, Köln 1979
2 Jens, Walter: Der Fall Judas, Ludwigsfelde 2018[20], S. 95
3 Das 1. Buch Mose (Genesis) 3.1 – 16; Die Briefe des Paulus: 2. Brief an die Korinther 11,3; 1. Brief an Timotheus 2,11 – 15
4 Schutzbach, Franziska: Frau als Feind; in: Süddt. Zeitung 15./16.02,2020
5 Mayer, Hans: Außenseiter, Frankfurt am Main (1975) 1981

## 1.1 Judas im Neuen Testament

1 Nach dem Theologen und Religionswissenschaftler Pinchas Lapide – Ist die Bibel richtig übersetzt? Bd. 2 Güterloh [2]1996, hat der Vorname des Judas Makkabäus zwar nichts mit dem vielgeschmähten Judas Iskariot zu tun, sondern geht auf Jehuda (oder Juda) zurück – den Sohn des Patriarchen Jakob und seiner Frau Lea (Gen 29,35)«, S. 6; aber da er in der Bibelübersetzung Martin Luthers als Judas erscheint und diese es war, die von Christen rezipiert wurde, kann man davon ausgehen, dass der Vorname Judas generell mit dem Namen des »Verräters« gleichgesetzt wurde
2 Dithmar, Reinhard: Der »Verräter« Judas in Bibel, Dichtung und Bildender Kunst, Ludwigsfelde 2003, S. 7f

3 Ranke-Heinemann, Uta: Nein und Amen, Anleitung zum Glaubenszweifel, München 1992, 11. Auflage, S. 176

4 Dithmar, a.a.O., S. 8

5 Ong, Walter J.: Oralität und Literalität - Die Technologisierung des Wortes, Opladen 1987, S. 30f

6 Ranke-Heinemann, a.a.O., S. 184

## 1.2 Vom hässlichen Judas zur »Judensau«

1 Bibel in gerechter Sprache Gütersloh 2006[2], S. 2204

2 Vgl. Neues Testament, von »Brief des Paulus an die Römer« bis »Brief des Jakobus«

3 Strauss, Herbert A./Hoffmann, Christhard (Hrsg.): Juden und Judentum in der Literatur, München 1985, S. 409

4 Boussel, Patrice: Leonardo da Vinci, Leben und Werk Stuttgart 1989, S. 72; zit. Dithmar, Reinhard: Der »Verräter« Judas in Bibel, Dichtung und Bildender Kunst, Ludwigsfelder Verlagshaus 2003, S. 37

5 Bühl, Achim: Antisemitismus - Geschichte und Strukturen von der Antike bis 1848, S. 78

6 a.a.O., S. 79

7 Roper, Lyndal: Luther - Der Mensch Martin Luther (London 2016); Frankfurt am Main 2018, S. 502

8 Talmud: Kommentar zum jüdischen Religionsgesetz, der Mischna

9 D. Martin Luthers Werke, Weimarer Ausgabe (WA) Bd. 53, S. 600

10 Bühl, a.a.0., S. 105

11 Roper, a.a.0., S. 500

12 a.a.O., S. 501

13 Bühl, a.a.0., S. 109

14 Uwe Sauerwein: Trägt Martin Luther eine Mitschuld an dem Völkermord? In: Die Welt, 28.10.2016

15 BGB §1004 (Beseitigungs- und Unterlassungsanspruch) (1) Wird das Eigentum in anderer Weise als durch Entziehung oder Vorenthaltung des Besitzers beeinträchtigt, so kann der Eigentümer von dem Störer die Beseitigung der Beeinträchtigung verlangen. Sind weitere Beeinträchtigungen zu besorgen, so kann der Eigentümer auf Unterlassung klagen. (2) Der Anspruch ist ausgeschlossen, wenn der Eigentümer zur Duldung verpflichtet ist.

16 Ronen Steinke: Und sie schämen sich nicht; in: Süddt.Ztg. 26.5.2019

17 Antijüdisches Relief darf vorerst bleiben DPA; in: Süddt. Ztg. 5.2.2020

## 1.3 Chrysostomos, Luther, Eisenmenger und Co.

1 Jüdisches Lexikon Bd.III, Königstein/Taunus 1982, S. 716

2 Brockhaus Bd.14, Mannheim[21] 2006, S. 68

3 Bühl, Achim: Antisemitismus - Geschichte und Strukturen von der Antike bis 1848, Wiesbaden 2019, S. 44

4 zit. a.a.0., S. 43

5 Heinrich Heine: Ausgewählte Werke, Bd.2, Berlin/Weimar 1991, S. 161 - 167

6 zit, Bühl, a.a.0., S. 99

7 zit, a.a.O., S. 100

8 ebd.

9 zit. Roper, Lyndal: Der Mensch Martin Luther - Die Biografie, Frankfurt am Main 2016, S. 498

10 ebd.

11 Luther WA, Bd.53

12 zit. Morgenstern, Matthias (Hrsg.): Martin Luther - Von den Juden und Ihren Lügen, Berlin 2017, S. 221 - 223

13 zit. a.a.O., S. 195 - 220; S. 207

14 zit. a.a.O., S. 272f

15 Bühl, a.a.O., S. 105

16 Roper, a.a.O., S. 488f

17 Roper, a.a.O., S. 500

18 Johann Andrea Eisenmengers Entdecktes Judenthum/ Oder Gründlicher und Wahrhaffter Bericht/ Welchergestalt Die verstockte Juden die hochheilige Drey-Einigkeit/ GottVater/ Sohn und Heil. Geist/ erschrecklicher Weise lästern und verunehren/ die Heil. Mutter Christi verschmähen/ das Neue Testament/ die Evangelisten und Apostel/ die Christliche Religion spöttisch durchziehen/ und die gantze Christenheit auff das äusserste verachten und verfluchen ..., Königsberg in Preussen im Jahr nach Christi 1711

19 Joh. Andr. Eisenmenger's ... Entdecktes Judentum (Hrsg. Franz Xaver Schieferl), Dresden 1839, Vorwort

20 Dohm, a.a.O., S. 140

21 a.a.O., S. 166

22 Bühl, a.a.O., S. 134

23 Eisenmenger, Dresden 1893, S,294

24 Bibel in gerechter Sprache (Hrsg. Bail, Ulrike u.a.) München[2] 2006, S. 1040

25 Eisenmenger, a.a.O., S. 295

26 Eisenmenger, a.a.O., S. 433

27 Hr. Ritters Beurteilung in: Christian Wilhelm Dohm: Über die bürgerliche Verbesserung der Juden (1781), Göttingen 2015, S. 141

28 Wikipedia, Zugriff 15. Januar 2021

29 Erikson, Trond Berg u.a.: Judenhass - Die Geschichte des Antisemitismus von der Antike bis zur Gegenwart, Göttingen 2019, S. 333

30 a.a.O., S. 332

### 1.4 Ghettos, Judengesetze und Pogrome

1 Erikson, Trond Berg u.a.: Judenhass - Die Geschichte des Antisemitismus von der Antike bis zur Gegenwart, Göttingen 2019, S. 89

2 Heiliges Römisches Reich deutscher Nation: Bezeichnung für den Herrschaftsbereich des abendländ. Röm. Kaisers (seit 911/19) der Reichsterritorien Deutschland, Italien (seit 951) und Burgund (seit 1033); am 6.8.1806 mit Niederlegung der Kaiserkrone des Heiligen römischen Reiches durch Franz II. aufgelöst.

3 Schubert, Kurt: Jüdische Geschichte, München 2017[8], S. 34

4 Eriksen, a.a.0., S. 95

5 a.a.O., S. 89

6 Schubert, ebd.

7 »Cum nimis absurdum et inconveniens existat, ut Judaei, quos propria culpa perpetuae servituti submisit ...«: »Da es überaus unangebracht und unpassend ist, dass die Juden, die ihr eigenes Vergehen zur ewiger Knechtschaft verdammt hat ...«. https://wikipedia.org/wiki/Cum_nimis_absurdum, Zugriff 09.2020

8 zit.Bühl, Achim: Antisemitismus – Geschichte und Strukturen von der Antike bis 1848, Wiesbaden 2019, S. 119

9 Bühl, a.a.O., S. 120

10 Bühl, a.a.O., S. 120f

11 Eriksen, a.a.O., S. 130

12 Schubert, a.a.O., S. 40

13 Schubert, a.a.0., S. 49

14 a.a.0., S. 50

15 ebd.

16 fl: Kürzel für Florentiner (lat. Florenus, ital. Fiorini d'oro, franz. Florin) – eine im Spätmittelalter in Europa weit verbreitete Währung. Der Florentiner war eine von 1252 bis 1533 in Florenz geprägte Goldmünze. (https: //de.wikipedia.org/wiki/Florentiner_Goldmünze), Zugriff 09.2020

17 Kießling, Rolf: Jüdische Geschichte in Bayern – Von den Anfängen bis zur Gegenwart, Berlin/Boston 2019, S. 295

18 ebd., S. 50f

19 Schubert, a.a.O., S. 91

20 ebd.

21 Schubert, a.a.O., S. 93

22 Bühl, a.a.O., S. 125

23 a.a.O., S. 125f

24 Bühl, a.a.O., S. 126

25 Harlan, Veit (Berlin 1899 - Capri 1964; Schauspieler, Bühnen-, ab 1937 Filmregisseur. Mit Filmen wie »Jud Süß« (1940) und dem Durchhaltefilm »Kolberg« (1945) stellte er sich in den Dienst der nationalsozialistischen Propaganda.

26 Bühl, a.a.O., S. 60

27 [27] a.a.O., S. 127

28 Eriksen, a.a.O., S. 206

29 Eriksen, a.a.0., S. 457f

30 Ritualmord oder Blutbeschuldigung: In den ersten christlichen Jahrhunderten wurden Christen beschuldigt, beim Osterfest, das Blut von Nichtchristen, auch ihr Fleisch, aus rituellen Gründen zu genießen. Seitdem das Christentum zur Staatsreligion erhoben worden war, kehrten Christen die Blut- und Ritualmordsbeschuldigungen gegen Juden um, dass Juden zu ihren Pessachbroten Christenblut verwendeten. Beide Versionen hatten grausame Verfolgungen, nach denen der Christen die der Juden, zur Folge.

31 Hostie (lt. Hostia): Opfertier; das beim christlichen Abendmahl verwendete ungesäuerte Weizenbrot, seit 11./12. Jh. In kl. Dünnen Scheiben (=Oblaten) verwendet in der Bedeutung von Leib Christi. Hostienschändung: Im Mittelalter, z. Teil bis in neueste Zeit erhobene Beschuldigung der Juden, aus Hass gegen Christen Hostien entwendet oder von christl. Dieben gekauft zu haben, um sie zu durchstechen,

zu zerstoßen oder mit ihnen Spott zu treiben. Anknüpfung an die Beschuldigung der Juden, Christus gekreuzigt zu haben.

### 1.5 »Über die bürgerliche Verbesserung der Juden«

1 Allgemeine Deutsche Biografie, Leipzig 1877, Bd.5, S. 298

2 Propagandawort des nationalsozialistischen Ministeriums für »Volksaufklärung und Propaganda«: mit dem 1. Reich war das »Heilige Römische Reich Deutscher Nation« gemeint, das vom 10. Jh. bis 1806 bestand, mit dem 2. Reich das Deutsche Kaiserreich Wilhelms I. und II. von 1871 bis 1918, das »Dritte Reich«, auch »Tausendjähriges Reich« genannt, existierte nur zwölf Jahre, von 1933 bis 1945.

3 Christoph Schulte: Die jüdische Aufklärung, München 2002

4 Ders.: Freiheit für die Juden; in: DIE ZEIT 8.7.2004

5 Das Reglement Friedrichs II. von 1750, nach dem 500 arme Juden Berlin verlassen mussten, galt bis zum Emanzipationsedikt von 1812 unter Wilhelm III. (1797 - 1840). Das Reglement teilte die Juden in sechs verschiedene Klassen mit unterschiedlichen Rechten und Pflichten ein und sicherte ihnen ein Bleiberecht in Berlin nur unter strengen Auflagen: »Neben der Abgabe von hohen Steuern oder der Schikane des erzwungenen und überteuerten Kaufs von ›Judenporzellan‹, nämlich häßlichen Porzellanaffen der Königlichen Porzellanmanufaktur, bestimmte« es »auch über das Recht eines Juden, zu heiraten, seine Kinderzahl und Berufsfreiheit. Bürgerrechte genossen nur ganz wenige wohlhabende jüdische Kaufleute und Bankiers«. Der berühmte jüdische Philosoph Moses Mendelssohn war nur »›außerordentlicher Schutzjude‹«, hätte aber »bei Verlust seiner Anstellung ... mitsamt seiner Familie Berlin sofort verlassen müssen - ungeachtet seines Rufs als Philosoph und Aufklärer«. Schulte, Christoph: Die jüdische Aufklärung, S. 176

6 Dohm, Christian Wilhelm: über die bürgerliche Verbesserung der Juden (1781), hrsg. Wolf Christoph Seifert, Göttingen 2015, S. 60 - 69

7 Die 5 Bücher Moses des Alten Testaments bzw. Die Tora

8 Der Talmud: Ausführungen, Kommentare und Diskussionen von Rabbinern zu allen, auch täglichen Fragen

9 Schulte: Die jüdische Aufklärung, a.a.O., S. 178

10 Dohm, a.aO., S. 134

11 a.a.O., S. 136

12 a.a.O., S. 132

13 a.a.O., S. 71

14 ebd.

15 ebd.

16 a.a.O., S. 72

17 a.a.O., S. 73

18 ebd., S. 73

19 a.a.O., S. 74

20 a.a.O., S. 74f

21 a.a.O., S. 75

22 Schulte: Die jüdische Aufklärung, a.a.O., S. 56

23 a.a.O., S. 166

24 a.a.O., S. 179

25 Dohm, a.a.O., S. 82

26 Schulte, Christoph: Die Freiheit der Juden, DIE ZEIT Nr.29, 08.07.2004

27 Dohm, Christian Wilhelm: Über die bürgerliche Verbesserung der Juden (1781), hrsg. Wolf Christoph Seifert, Kommentar, Göttingen 2015, S. 208

28 Vgl. Schröder, Hannelore: Die Frau ist frei geboren - Texte zur Frauenemanzipation, Bd.I: 1789 - 1870, München 1979, S. 55 - 65

29 Schulte: Die jüdische Aufklärung, a.a.O., S. 21

30 Mayer, Hans: Außenseiter (1971), Frankfurt am Main 1981, S. 70
31 a.a.O., S. S. 9
32 a.a.O., S. 13

## 1.6 Die »Christlich-deutsche Tischgesellschaft«

1 Heyden-Rynsch, Verena von der: Europäische Salons, Hamburg 1995, S. 58f
2 a.a.O., S. 63
3 Hertz, Deborah: Die jüdischen Salons im alten Berlin (Yale University, 1988), Hamburg 2018, S. 15
4 Achim vor Arnim nannte seine Gründung »deutsche Tisch-Gesellschaft« (vgl. »Stiftungslied vom 18 Januar 1811) in Nienhaus, Stefan (Hrsg.): Ludwig Achim von Arnim – Texte der deutschen Tischgesellschaft, Tübingen 2008, S. 8; in Lexika wie dem Brockhaus 2006, Bd. 5, S. 674, wird von der »christlich-deutsche(n) Tischgesellschaft« gesprochen
5 Nienhaus, S. 252
6 Nienhaus, a.a.O., S. 5
7 Brockhaus, Leipzig 2006, Bd.5, S. 674
8 Nienhaus, a.a.O., S. 248
9 a.a.O., S. 254
10 a.a.O., S. 258
11 a.a.O., S. 7
12 a.a.O., S. 4
13 a.a.O., S. 14–17
14 a.a.O., S. 246
15 Brockhaus, ebd.
16 Nienhaus, a.a.O., S. 38–88
17 a.a.O., S. 41

18 Zur »Judensau« an der protestantischen Pfarrkirche in Wittenberg: vgl. Kap.1.2

19 Quecksilberdämpfe oder -präparate führen zur Vergiftung. Arsen als chemisches Element führt als Arsenik zu starken Vergiftungen

20 Nienhaus, a.a.O., S. 352; »Philisterstatue«, a.a.O., S. 90

21 a.a.O., S. 348

22 ebd.

23 a.a.O., S. 349

24 a.a.O., S. 124

25 vgl. Kap.1.5.

26 zit. Kießling, Rolf: Jüdische Geschichte in Bayern, Berlin/Boston 2019, S. 168

27 Bühl, Achim: Antisemitismus - Geschichte und Strukturen von der Antike bis 1848, Wiesbaden 2019, S. 187

28 a.a.O., S. 188f

29 a.a.O., S. 190

30 Nienhaus, a.a.O., S. 159

31 Bühl, a.a.O., S. 176

32 zit. Nienhaus, a.a.O. S. 277

33 zit. a.a.O., S. 279

34 zit. a.a.O., S. 281

35 Don Quijote: Held des Romans von M. de Cervantes Saavedra (1547-1616), Parodie auf die Ritterromane

36 zit. Nienhaus, a.a.O., S. 280

37 zit. a.a.O., S. 275f; das Wort »Fichten« ist eine Anspielung auf den Nachnamen des Philosophieprofessors der Berliner Universität und Mitglieds der Tischgesellschaft Johann Gottlieb Fichte, der zu den ausgewiesenen Antisemiten gehörte.

38 a.a.O., S. 203

39 a.a.O., S. 207

40 a.a.O., S. 208
41 a.a.O., S. 294
42 Bühl, a.a.O., S. 193, vgl. Scholler, Heinrich (Hrsg.): Die Grundrechtsdiskussion in der Paulskirche - eine Dokumentation, Darmstadt 1982[2], S. 49 – 50

## 1.7 Der Holocaust

1 Dohm, Christian Wilhelm: Über die bürgerliche Verbesserung der Juden (1781), Hrsg. Wolf Christoph Seifert, Göttingen 2019, S. 134
2 Kogon, Eugen: Der SS-Staat - Das System der deutschen Konzentrationslager (1946), München 1974, 47. Auflage, S. 93
3 »Der engl. Begriff ›H.‹ stand im Griech., seinem Ursprung, für die vollständige Verbrennung einer Opfergabe auf einem Altar. In der Vulgata ist er, im lat. Plural ›holocausta‹ an Stellen belegt, wo die Opferung einer großen Zahl von Tieren auf dem Tempelberg in Jerusalem zur Zeit König Salomos erwähnt wird (2.Chronik 7,4) ... Im heute gebräuchlichen Sinne schon 1944 nachgewiesen, wurde das Wort ›H.‹ in Dtld. erst nach 1979 (Ausstrahlung der gleichnamigen US-Fernsehserie), stärker bekannt und verwendet ...«, Jüdisches Lexikon in 4 Bd. Königstein 1982, S. 622
4 Protokoll der Wannseekonferenz 20.011942; https://www.ghwk.de/de/konferenz (zuletzt aufgerufen am 30.09.2020)
5 1933: »etwas mehr als eine halbe Million Menschen« bzw, »0,76 Prozent der Einwohner des Landes«; Eriksen, Trond Berg u.a.: Judenhass – Die Geschichte des Antisemitismus von der Antike bis zur Gegenwart, Göttingen 2019, S. 447 – 448
6 Protokoll, Bl. 2
7 Encyclopädia Judaica, o.0., 2007[2], Bd.9, S. 346ff
8 Protokoll, Bl. 7
9 Protokoll, Bl. 15

10 Protokoll, Bl. 7f

11 Rede des Reichsführers SS bei der SS-Gruppenführertagung in Posen am 4.Oktober 1943; www.1000dokumente.de

12 Thies, Jochen: Evian 1938 - Als die Welt die Juden verriet, Essen 2018, 4. Auflage, S. 25

13 a.a.O., S. 32

14 zit. a.a.O., S. 22

15 zit. a.a.O., S. 40

16 zit. a.a.O., S. 73

17 zit. a.a.O., S. 41

18 zit. a.a.O., S. 65

19 zit. a.a.O., S. 22

20 Protokoll, Bl. 7

21 Protokoll, Bl. 9

22 ebd.

23 zit. Mommsen, Hans: Das NS-Regime und die Auslöschung des Judentums in Europa, Göttingen 2014, 2 Auflg., S. 206

24 a.a.O., S. 207

25 a.a.O., S. 69

26 Klemperer, Victor: Ich will Zeugnis ablegen bis zum letzten - Tagebücher 1933 - 1941, Berlin 2015, S. 7f

27 ders.: Tagebücher 1942 - 1945, Berlin 2015, S. 27

28 a.a.O., S. 53

29 a.a.O., S. 405

30 a.a.O., S. 404

31 a.a.O., S. 55

32 a.a.O., S. 181

33 a.a.O., S. 65

34 zit. Kogon, Eugen: Der SS-Staat - Das System der deutschen Konzentrationslager (1946), München 1974, 47. Auflg., S. 413

35 Heinrich Thies: Die Schwester des Verfemten. DIE ZEIT 03.09.2020; vgl. https://de.wikipedia.org/wiki/elfriede-scholz (zuletzt aufgerufen am 02.2020)
36 Weisenborn, Günther (Hrsg.): Der lautlose Aufstand – Bericht über die Widerstandsbewegung des deutschen Volkes – 1933–1945 (1952), Frankfurt am Main 1974, 4. Auflg., S. 17
37 a.a.O., S. 22
38 a.a.O., S. 25

## 1.8 Antisemitismus

1 Jüdisches Lexikon – Enzyklopädisches Handbuch des jüdischen Wissens, 4 Bde, Königstein/Taunus 1982, Bd.2, S. 283
2 zit. Eriksen, Trond Berg u.a.: Judenhass – Die Geschichte des Antisemitismus von der Antike bis zur Gegenwart, Göttingen 2019, S. 12
3 a.a.O., S. 301
4 Roper, Lyndal: Der Mensch Martin Luther – Die Biografie (2016), Frankfurt am Main 2018, S. 498, 499
5 Morgenstern, Matthias (Hrsg.): Martin Luther – Von den Juden und ihren Lügen, Berlin o.J. (2016), S. 266, 267
6 Serup-Bilfeldt, Kirsten: Die dunkle Seite der Reformation; DLF 8.1.2016
7 Bühl, Achim: Antisemitismus – Geschichte und Strukturen von der Antike bis 1848, Wiesbaden 2019, S. 59
8 a.a.O., S. 154; vgl. Huber, Ernst Rudolf (Hrsg.): Dokumente zur deutschen Verfassungsgeschichte, Bd. 1 (1803–1850), Stuttgart Berlin Köln Mainz, 1978[3], S. 48–51
9 Scholler, Heinrich (Hrsg.): Die Grundrechtsdiskussion in der Paulskirche – Eine Dokumentation, Darmstadt 1982[2], S. 49–50; S. 257–260
10 Eco, Umberto: Der ewige Faschismus (2018, 2019), München 2020, S. 40
11 a.a.O., S. 64

12 ebd.

13 a.a.O., S. 65

14 a.a.O., S. 60

## 2.1 Die Eva der Bibel

1 DLF Kultur, Feature: Nur nicht auffallen, 22.März 2021

2 Greenblatt: Stephen: Die Geschichte von Adam und Eva - Der mächtigste Mythos der Menschheit, München 2018, S. 174

3 Alle Zitate sind dem Artikel »Sündenfälle« entnommen: Südt. Zeitung 1./2. August 2015

4 Greenblatt, a.a.O., S. 167

5 Greenblatt, ebd.

6 Greenblatt, a.a.O., S. 172

7 Grennblatt, a.a.O., S. 175

8 Greenblatt, ebd.

9 Greenblatt, a.a.O., S. 176f

10 Greenblatt, a.a.O., S. 177

11 Greenblatt, a.a.O., S. 178

12 Schüngel-Straumann: Eva - Die erste Frau der Bibel: Ursache allen Übels? Paderborn 2014, Abb. 15

13 Thieme-Becker, Kunstlexikon (1907/1908), Leipzig 1999, Bd. 12, S. 404

14 Schüngel-Straumann, a.a.O., S. 29

## 2.3 Crysostomos, Gratian, Thomas und Co.

1 Nixey Chaterine: Heiliger Zorn - Wie die frühen Christen die Antike zerstören, München 2019, S. 39

2 Jüdisches Lexikon, Bd. III, Königstein/Taunus 1982, S. 716

3 vgl. Nixey, Catherine: Heiliger Zorn - Wie die frühen Christen die Antike zerstörten, München 2019, S. 201ff

4 Brockhaus-Enzyklopädie, 30 Bde, Leibzig Mannheim 2006 Bd. 14, S. 68

5 vgl. Bühl, Achim: Antisemitismus-Geschichte und Strukturen von der Antike bis 1848, Wiesbaden 2019, S. 43

6 Nixey, Chaterine: Heiliger Zorn – Wie die frühen Christen die Antike zerstörten, München 2019, S. 201 S. 201ff

7 Des heiligen Kirchenlehrers Johannes Chrysostomos ausgewählte Schriften, Bd.7, München 1924; zit. Savramis Demosthenes: Das sogenannte schwache Geschlecht, München1972, S. 69

8 zit. Savramis, ebd.

9 zit. Savramis, a.a.O., S. 70

10 zit. Savramis, ebd.

11 zit. Savramis, a.a.O., S. 70 ff

12 zit. Savramis, a.a.O., S. 74

13 zit. Savramis, a.a.O. S. 74–76

14 zit. Savramis, a.a.O. S. 72, 69

15 zit. Savramis, a.a O. S. 71

16 zit. Schüngel-Straumann, Helen: Eva – Die erste Frau der Bibel: Ursache allen Übels? Paderborn 2014, S. 70

17 Michael Jäger: Bach wäre das egal; in: der Freitag 19.09.2019

18 zit. Raming, Ida: Der Ausschluss der Frau vom priesterlichen Amt – Gottgewollte Tradition oder Diskriminierung? Köln Wien 1973, S. 45 f

19 Heide Oesterreich: »Die katholische Kirche ist eine Männerdiktatur«, die Tageszeitung 01.07.2002 (Interview mit der Theologin Ida Raming; in die Tageszeitung 08.02.2013)

20 Rolf-Herbert Peters: Maria, hilf! in: Stern 10.10.2019

21 WK 25.07.2020

22 Thomas von Aquin: Summa Theologica. Vollständige, ungekürzte deutsch-lateinische Ausgabe, hrsg. von der Albertus-Magnus-Akademie

Walberberg bei Köln, Heidelberg-Graz-Wien-Köln 1941, zit. Savramis, a.a.O. S. 85

23 Thomas von Aquin, zit. Savramis, a.a.O. S. 83

24 Elisabeth Gössmann: Frauentradition im Christentum in ihrer Relevanz für die heutige feministische Theolologie und ihrer kirchlichen Einschätzung, in: Jahrbuch der Europäischen Gesellschaft für theologische Forschung von Frauen, Mainz/Kampen, S72.95): zit. Schüngel Straumann, Helen: Eva - Die erste Frau der Bibel - Ursache allen Übels, Paderborn 2014, S. 55

25 Schüngel-Straumann, ebd.

26 Elisabeth Gössmann, zit. Schüngel-Straumann, a.a.O., S. 56

## 2.4 »Hexenhammer« und Hexenprozesse

1 Roper, Lyndal: Hexenwahn - Geschichte einer Verfolgung (2004), München 2007, S. 25

2 Jakob Sprenger/Heinrich Kramer: Der Hexenhammer (Maleus maleficarum) - Aus dem Lateinischen übertragen und eingeleitet von J.W.R. Schmidt (1906), München[3] 1983, S. XIV.

3 Behringer Wolfgang: Hexen - Glaube, Verfolgung, Vermarktung, München 2020 [7], S. 42

4 Behringer, ebd.

5 ebd.

6 Baroja, Julio Caro: Die Hexen und Ihre Welt (1961), Stuttgart 1967, S. 334, Anm. 46

7 Jakob Sprenger/Heinrich Kramer, a.a.O., 2. Teil., S. 197f

8 zit. Baroja, a.a.O., S. 120

9 Behringer, a.a.O., S. 43

10 Roper, a.a.O., S. 25

11 Behringer, a.a.O., S. 67.

12 Roper, a.a.O., S. 94

13 a.a.O., S. 37f.

14 Absoluta Generalia circa Confessionem veneficarum, Ratsakten der Stadt Kelheim

15 Roper, a.a.O., S. 77

16 a.a.O., S. 78

17 a.a.O., S. 70

18 a.a.O., S. 86

19 a.a.O., S. 92f

20 Jakob Sprenger/ Heinrich Institoris, a.a.O., S. VIIf

21 D. Martin Luthers Werke, Weimarer Ausgabe, 10 Bd., 1. Abtlg., 1. Hälfte, Weimar 1966, S. 591

22 Jakob Sprenger/Heinrich Kramer, a.a.O., S. VIIf

23 a.a.O., S. III

24 a.a.O., o.S.

25 a.a.O., o.S.

26 a.a.O., 1.Teil, S. 3

27 a.a.O. 1.Teil, S. 107

28 a.a.O., 1.Teil, S. 105

29 a.a.O., 1.Teil, S. 211

30 a.a.O., 1.Teil, S. 99f

31 Behringer, a.a.O., S. 76

32 ebd.

33 a.a.O., S. 77

34 Friedrich Spee - Dichter, Seelsorger, Bekämpfer des Hexenwahns, - Katalog der Ausstellung in Düsseldorf 1991, hrsg. von Gunther Franz, Trier 1991, S. 102

35 Friedrich von Spee: Cautio criminalis - Aus dem lateinischen übertragen und eingeleitet von Joachim-Friedrich Ritter (1939), München 1982, S. XXXVI.

36 a.a.O., S. XXXVIII

37 a.a.O., S. 289
38 DPA: Letzte Hexe Europas rehabilitiert, Bremer Nachrichten 28.08.08
39 Alexander Polaschek: Die Opfer der Hexenverfolgung sollen ein Gesicht erhalten, Frankfurter Rundschau, 6.01.1999
40 Behringer, a.a.O., S. 99

## 2.5 Haus und Geschlechtsvormundschaft

1 Iris Hetscher: Eingeschlossen, ausgeschlossen – die Künstlerin Sabine Emmerich befasst sich im Gerhard-Marcks-Haus mit Ganzkörperverschleierung; in: Weser-Kurier, 6. Juli 2019
2 Schipper, Mineke (Hrsg.) : »Eine gute Frau hat keinen Kopf« – Europäische Sprichwörter über Frauen, München 1996, S. 51, 58
3 Schmitter, Romina: Bin ich gleichberechtigt? – Historischer Streifzug zu einem aktuellen Problem, Bremen 2018, S. 23f
4 a.a.O., S. 25f
5 zit. Gerhard, Ute: Verhältnisse und Verhinderungen, Frauenarbeit, Familie und Rechte der Frauen im 19.Jh., Frankfurt am Main 1978, S. 319f
6 zit. Savramis, Demosthenes: Das sogenannte schwache Geschlecht, München 1972, S. 197
7 a.a.O., S. 185
8 a.a.O., S. 199
9 »Das Ende der Treue«, DLF Wochenendjournal, 10.April 2021
10 Bornemann, Ernest: Das Patriarchat – Ursprung und Zukunft unseres Gesellschaftssystems, Frankfurt am Main 1975, Motto, S. 7
11 a.a.O., S. 12f
12 Lerner, Gerda: Die Entstehung des Patriarchats (1986), Frankfurt am Main/New York 1991, S. 43
13 ebd.

14 vgl. Coler, Ricardo: Eine Reise ins Matriarchat – Das Paradies ist weiblich (2005), Berlin 2011[2]
15 Lerner, a.a.O., S. 26
16 »Der Mensch der Vorzeit ist auch eine Frau«
17 Marylène Patou-Mathis: Sammlerin und Jägerinnen, in: LE MONDE diplomatique, Oktober 2020
18 Weber, Marianne: Ehefrau und Mutter, in der Rechtsentwicklung (1907), Aalen 1971 (Reprint), S. 112, 111
19 a.a.O., S. 143
20 Bornemann, a.a.O., S. 204
21 ebd.
22 ebd. S. 204
23 a.a.O., S. 205
24 Savramis, Demosthenes: Zum Beispiel Griechenland; in. ders.: »Das sogenannte schwache Geschlecht«, München 1972, S. 150
25 a.a.O., S. 154
26 a.a O., S. 157
27 Weber, a.a.O., S. 161
28 a.a.O., S. 162
29 a.a.O., S. 163
30 a.a.O., S. 164f
31 a.a.O., S. 165
32 a.a.O., S. 170
33 a.a.O., S. 204
34 a.a.O., S. 205
35 a.a.O., S. 206
36 a.a.O., S. 210
37 a.a.O., S. 250

38 zit. Flexner, Eleanor: Hundert Jahre Kampf - Die Geschichte der Frauenrechtsbewegung in den Vereinigten Staaten, Frankfurt am Main 1978, S. 97f

39 Weber, a.a.O., S. 318

40 a.a.O., S. 320ff

41 a.a.O., S. 320

42 a.a.O., S. 336

43 ebd.

44 a.a.O., S. 332

45 zit. a.a.O., S. 339

46 a.a.O., S. 337

47 vgl. Dölemeyer, Babara: Frau und Familie im Privatrecht des 19. Jahrhunderts; in: Gerhard, Ute (Hrsg.): Frauen in der Geschichte des Rechts, München 1997, S. 644

48 1957: Gleichberechtigungsgesetz, 1958: Letztentscheidungsrecht des Ehemannes wird abgeschafft, 1977: die Ehefrau kann ohne Erlaubnis des Mannes erwerbstätig sein, im Ehescheidungsrecht wird das Schuldprinzip durch das Zerrüttungsprinzip ersetzt, der Geburtsname der Frau kann gemeinsamer Ehename werden. 1980: Gesetz über Gleichbehandlung von Männern und Frauen am Arbeitsplatz, geschlechtsneutrale Formulierung von Stellenausschreibungen; 1986: Erziehungsgeld und Erziehungsurlaub, 1992: Drei Jahre Kindererziehung werden in der Rente berücksichtigt, ebenso Zeiten der Pflege (Rentenreformgesetz), 1994: Zweites Gleichberechtigungsgesetz (u.a.: Schutz vor sexueller Belästigung am Arbeitsplatz, Erhaltung des Geburtsnamens auch nach Eheschließung)

## 2.6 »Über die Bürgerliche Verbesserung der Weiber«

1 Lange, Helene/ Bäumer, Gertrud (Hrsg.): Handbuch der Frauenbewegung I. Teil (1901), Basel 1980 (Reprint), S. 8f

2 Hippel, Theodor Gottlieb von: Über die bürgerliche Verbesserung der Weiber (anonym, Berlin 1792), Frankfurt am Main 1977, S. 20f

3 a.a.O., S. 262

4 a.a.O., S. 19

5 ebd.

6 a.a.O., S. 15

7 a.a.O., S. 23-50

8 a.a.O., S. 51-114

9 a.a.O., S. 115-240

10 a.a.O., S. 241-259

11 Hieroglyphe: Zeichen der altägyptischen, altkretischen und hethitischen Bilderschriften

12 a.a.O., S. 23

13 a.a.O., S. 24

14 zit. Stopzyk, Annegret: Was Philosophen über Frauen denken, München 1980, S. 129

15 von Hippel, ebd.

16 a.a.O., S. 26

17 a.a.O., S. 27

18 ebd.

19 a.a.O., S. 29f

20 a.a.O., S. 31

21 zit., Schröder, Hannelore (Hrsg.): Die Frau ist frei geboren - Texte der Frauenemanzipation, Bd.I: 1789-1870, München 1979, S. 56

22 von Hippel, a.a.O., S. 33

23 a.a.O., S. 40

24 ebd.

25 a.a.O., S. 41
26 a.a.O., S. 41f
27 a.a.O., S. 43
28 a.a.O., S. 55
29 a.a.O., S. 58
30 a.a.O., S. 60
31 a.a.O., S. 63
32 a.a.O., S. 107
33 a.a.O., S. 123
34 Vgl. Schröder, Hannelore, a.a.O., S. 31 - 54
35 von Hippel, a.a.O., S. 119
36 a.a.O., S. 243
37 a.a.O., S. 132
38 a.a.O., S. 133
39 a.a.O., S. 151
40 a.a.O., S. 159
41 vgl., S. 168f
42 a.a.O., S. 184ff
43 a.a.O., 194
44 a.a.O., S. 201
45 a.a.O., S. 204f
46 a.a.O., S. 218f
47 a.a.O., S. 245

## 2.7 Der Deutsche Bund zur Bekämpfung der Frauenemanzipation

1 Gerhard, Ute/ Hannover-Drück, Elisabeth/Schmitter, Romina (Hrsg.): »Dem Reich der Freiheit werb ich Bürgerinnen« – Die Frauen-Zeitung von Louise Otto, Frankfurt am Main 1979

2 zit. Dünnebier, Anna/Scheu, Ursula: Die Rebellion ist eine Frau – Anita Augspurg und Lida G. Heymann, München 2006, S. 206

3 zit. ebd.

4 zit. Kaiser, Tobias: Stimmen gegen das Wahlrecht – der »Deutsche Bund zur Bekämpfung der Frauenemanzipation« und andere Gegnerinnen, 12.11.2018 http://www.bpb; Zugriff: Juni 2021

5 zit. Gerhard, Ute: UNERHÖRT – Die Geschichte der deutschen Frauenbewegung, Hamburg 1994, S. 217

6 Bremer Nachrichten 30.1.1914

7 Bremer Nachrichten 4.5.1914

8 Bremer Nachrichten 30.1. und 4.5.1914

9 Bremer Nachrichten 30.1.914

10 ebd.

11 Bremer Nachrichten 25.3.1914

12 Bremer Nachrichten 30.1.1914

13 zit. Dünnebier/Scheu, a.a.O., S. 207

14 ebd.

15 Verhandlungen der Bremischen Bürgerschaft, Debatte 20.2.1918, S. 33f

16 Verhandlungen der Bremischen Bürgerschaft, 6.11.1918, S. 362f

## 2.8 Misogynie

1 Schmidt, Hans Dieter u.a.: Frauenfeindlichkeit – sozialpsychologische Aspekte der Misogynie, München 1973

2 Arndt, Susan: Sexismus - Geschichte einer Unterdrückung, München 2020; Manne. Kate: Down Girl - Die Logik der Misogynie (2018), Berlin 2019

3 Wikipedia, Zugriff 4.07.2021

4 ebd.

5 Manne, a.a.O., S. 144, S. 146

6 Homosexuelle sind Männer oder Frauen, die Menschen ihres eigenen Geschlechts lieben; Intersexuelle haben Körper, die »nicht eindeutig als männlich oder weiblich zu kategorisieren« sind; Transsexuelle sind Menschen, »deren Geschlechtsidentität nicht dem bei der Geburt zugewiesenen Geschlecht entspricht«. National Graphic - Ein Heft rund um Gender, Januar 2017, S. 25-26f

7 Konrad, Sandra: Das beherrschte Geschlecht - Warum sie will, was er will, München 2018, S. 334

8 Konrad, a.a.0., S. 335

9 Dohm, Hedwig: Die Antifeministen, Berlin (1902) (Reprint), Frankfurt am Main, o.J., S. 80f

10 Sabine Küper-Büsch: »Der Staat hat Angst vor uns«; der Freitag 29. April 2021

11 Arabella Wintermayr: Wölfe und Löwinnen; der Freitag 17.Juni 2021

12 von Welser, Maria: »Wo Frauen nichts wert sind«, München 2016, S. 21ff, S. 105ff, S. 203ff, S. 83ff

13 Arndt, a.a.O., S. 116f

14 Martina Meschner: Die Geschichte vor der Tat; der Freitag 15.Juli 2021; vgl. Backes, Laura/Bettoni, Margherita: Alle drei Tage. Warum Männer Frauen töten und was wir dagegen tun müssen, DVD 2021

15 Arndt, a.a.O.,S.116

16 ebd.

17 Meschner, ebd.

18 Theweleit, Klaus: Männerphantasien, Frankfurt am Main/Basel 1977/78

19 Interview von Jan Feddersen mit Klaus Theweleit: »Möglichst viele Opfer, möglichst spektakulär« Die Tageszeitung (taz) 30./31.Juli 2016

20 Kaiser, Susanne: Politische Männlichkeit, Berlin [2]2021, S. 23

21 zit. Schmitter Romina: Toxische Männlichkeit, Bremer Lehrerzeitung (BLZ) 09/10 2014, S. 20

22 Endler, Rebecca: Das Patriarchat der Dinge – Warum Frauen die Welt nicht passt, Köln [2]2021; vgl. die Rezension von Anina Ritscher: Diagnose Frau, der Freitag 19.03.2020, und Simon Wilke: Das Maß der Männer, Weser-Kurier 10.07.2021

23 UN-Convention CEDAW »on the Elimination of all Forms of Discrimination against Woman« von 1979, UN-Resolution 1325 von 2000 (Gunda-Werner-Institut (Hrsg.): Hoffnungsträger 1325, Königstein/Taunus 2008, S. 248–253), UN-Resolution 1820, die Vergewaltigung in Kriegen zu »Kriegsverbrechen« erklärt hat (ebd)., Istanbul-Konvention von 2011, die »neben körperlichen, sexuellen und psychischen auch wirtschaftliche Schädigung ... einschließt« (Arndt, a.a.O., S. 319)

24 vgl. Schmitter, Romina: Bin ich gleichberechtigt? Ein historischer Streifzug zu einem aktuellen Problem, Bremen 2018

25 zit. Jannssen- Jurreit, Marielouise: Sexismus, München Wien 1977, S. 623ff

26 Pusch, Luise: Das Deutsche als Männersprache – Aufsätze und Glossen zur feministischen Linguistik, Frankfurt am Main 1984/ Trömel-Plötz, Senta: Frauensprache-Sprache der Veränderung, Frankfurt Am Main 1982

27 Arndt, a.a.O., S. 193

28 Pusch, a.a.O., S. 31

29 Endler, Rebecca: Das Patriarchat der Dinge, Köln [2]2021, S. 27

30 vgl. Bremische Zentralstelle für die Verwirklichung der Gleichberechtigung der Frau (ZGF): Das bestimmen immer noch wir! Dokumentation einer Kampagne gegen Stellenausschreibungen nur für Männer. Bremen 1983

31 Frauen für eine neue Verfassung; Feministische Studien 9.Jg. 1991 - extra; Dokumentation, S. 114

32 Endler, Rebecca: Das Patriarchat der Dinge - warum die Welt Frauen nicht passt, Köln $^{2}$2021

33 Von Bothmer, Lenelotte: »Mit der Kuh am Strick« - Scenen aus den Dienstjahren einer Hinterbänklerin, Hamburg o.J.

34 Endler, a.a.O., S. 156

35 Leute, Weser-Kurier: (WK) 27.7.2021

36 Endler, a.a.O., S. 55f

37 Endler, a.a.O., S. 48f

38 a.a.O., S. 52

39 ebd.

40 Endler, a.a.O., S. 56

41 a.a.O., S. 57

42 a.a.O., S. 247

43 a.a.O., S. 248

44 a.a.O., S. 244f

45 a.a.O., S. 256

46 a.a.O., S. 248

47 a.a.O., S. 260

48 Anina Ritscher: Diagnose Frau ..., der Freitag, 19.03.2020

## 3. Antisemitismus und Misogynie als demokratiefeindliche Strategien

1 Frauen & Geschichte Baden-Württemberg e.V. (Hrsg.): Antisemitismus/Antifeminismus, Roßdorf 2019, S. 196

2 a.a.O., S. 64

3 Volkov, Shulamit: Jüdisches Leben und Antisemitismus im 19. und 20. Jahrhundert, München 1990, S. 22f

4 zit. Frauen & Geschichte, a.a.O., S. 198, 199

5 Hitler, Adolf: Mein Kampf, München 1937, S. 275f

6 a.a.O., S. 459f

7 a.a.O., S. 491

8 vgl. Kuhn, Annette (Hrsg.): Die Chronik der Frauen, Dortmund 1992, S. 463, 483

9 Die »Wiedervereinigung« war nach dem Einigungsvertrag vom 31. August 1990 (Art.1) nur ein Beitritt Der Deutschen Demokratischen Republik zur Bundesrepublik Deutschland gemäß Artikel 23 des Grundgesetzes« von 1949. Wirtschaftlich und gesellschaftlich kam dieser »Beitritt« – dank der »Treuhandanstalt« (1990 – 1994) – eher einer Vereinnahmung von Ost- durch Westdeutschland gleich.

10 Peter Ullrich: Im Kern: Judenfeindschaft; der Freitag, 8.04.2021

11 Kaiser, Susanne: Politische Männlichkeit, Berlin[2] 2021

12 a.a.O., S. 38

# Frauen-Geschichte(n)

Ute Mahler-Leddin

## Lächeln ist die beste Art, dem Krebs die Zähne zu zeigen

### Ein Tagebuch über die wohl schwerste Zeit im Leben einer Frau

232 Seiten. Taschenbuch, Format 14 x 22 cm
14,90 Euro
ISBN 978-3-95494-205-3

Eigentlich sollte es „nur mal schnell" zur Mammografie gehen. Es wird schon nichts sein, dachte ich. Aber dann kam alles anders – Diagnose Brustkrebs. Ein langer Weg inklusive Chemotherapie, Antikörpertherapie, OPs, Bestrahlungen, Verbrennungen, Antihormontherapie und Reha lag vor mir. In diesem persönlichen Ratgeber habe ich die ersten 1,5 Jahre nach der Diagnose niedergeschrieben. Ich möchte aufklären über den Mythos „Krebs", darauf hinweisen, dass diese Erkrankung nicht ansteckend ist und Betroffenen Mut machen, auf Krebspatienten zuzugehen und sie nicht aus Unwissenheit auszugrenzen. Gleichzeitig möchte ich eine Menge Informationen, Hilfestellungen und viele Tipps geben, die mir in den schweren Zeiten geholfen haben, nie den Kopf hängen zu lassen und trotz allem „Immer zu lächeln" – für mich und für meine Familie.

Verena Behrens, Gisela Menger (Hrsg.)

## Starke Frauen

### radikal sozial und demokratisch

236 Seiten, 74 Abbildungen
Taschenbuch, Format 13,5 x 21 cm
17,90 Euro
ISBN 978-3-95494-069-1

Was die Frauen eint, deren Porträts in diesem Band versammelt sind, ist große Stärke und Kraft. Kraft, den Rollenerwartungen ihrer Zeit gänzlich oder in Teilen entschieden nicht zu entsprechen. Zu allen Zeiten haben sich Frauen auf sehr unterschiedliche Weise für die Verbesserung ihrer Lebensbedingungen und Rechte eingesetzt. Die Geschichten der starken Frauen im vorliegenden Band zeigen den langen Weg gesellschaftlicher Veränderung, den sie zurückgelegt haben im Kampf um Ausbildung, soziale Sicherung, politische Mitwirkung, um die schlichte und doch so schwierige Anerkennung von Frauenrecht als Menschenrecht.

## Frauen-Geschichte(n)

Romina Schmitter
**Bin ich gleichberechtigt?**
**Historischer Streifzug zu einem aktuellen Problem**
176 Seiten, 49 Abbildungen
Taschenbuch, Format 14 x 22 cm
14,90 Euro
ISBN 978-3-95494-150-6

Vor allem der Hartnäckigkeit der sozialdemokratischen Juristin Dr. Elisabeth Selbert ist es zu verdanken, dass das Grundgesetz der Bundesrepublik den Artikel 3,2 enthält: »Männer und Frauen sind gleichberechtigt.« Aber wie ist es um diese Gleichberechtigung bestellt?

Die Autorin und Frauenrechtlerin beschäftigt sich mit dem Thema Gleichberechtigung, blickt zurück auf Geschlechtsvormundschaft und Ehevogtei, untersucht das Frauenwahlrecht, schaut auf die Mütter des Grundgesetzes und beleuchtet die Quotendebatte. Sie legt damit einen historischen Streifzug zu einem Problem vor, das im 21. Jahrhundert aktueller nicht sein könnte.